날씨를 바꾸는
요술쟁이
# 바람

# 날씨를 바꾸는 요술쟁이 바람

허창회 글·윤태규 그림

## 개정판을 내며

 여러 기상 현상 중에서 무엇이든 생각나는 것을 떠올려 보세요. 바람, 기온, 기압, 비, 눈. 또 뭐가 있을까요?

 태풍도 포함시킬 수 있으려나, 이렇게 생각하는 사람도 있을 거예요. 태풍이 들어가면 한파도, 열파도, 가뭄도, 홍수를 일으키는 집중 호우도 들어가야겠지요. 하지만 이것들이 정말 기상 현상일까요? 그럼 기상 요소는 무엇일까요?

 예를 든 것 중에서 기상 요소는 무엇이고, 기상 현상이 무엇인지를 구분하는 일은 사실 날씨를 파악하는 데 크게 중요하지 않아요. 서로 별개의 현상이 아니고, 비슷한 과학 원리로 설명할 수 있다는 사실을 아는 것이 훨씬 중요해요.

 바람과 비 그리고 눈을 예로 들어 볼까요? 이 둘은 전혀 상관없는 듯하지만, 실은 밀접하게 연결되어 있어요. 바람이 불어야 비나 눈이 내릴 수 있고, 반대로 비나 눈이 내리는 대기 환경에 따라 바람의 방향이

나 세기가 조절되기 때문이에요.

 이 책에서는 날씨를 만들어 내는 가장 중요한 요소 중 하나인 바람의 발생과 그 영향 등을 여러 기상 현상과 연결해서 설명할 거예요. 바람을 잘 알면 날씨를 이해하기 훨씬 쉽거든요.

 2004년에 처음 출간된 이 책은 고맙게도 어린이 독자들에게 많은 사랑을 받았어요. 출간된 지 20여 년이 가까워지자 조금씩 손보아야 할 내용들이 보였지요. 과학적 사실은 여전히 유효하지만 함께 다룬 예시는 요즘 어린이들이 태어나기도 전의 자료라서 이해를 돕기 위해 모두 최근 자료로 바꾸었습니다. 개정판의 첫 번째 독자가 되어 꼼꼼하게 읽고 의견을 준 서울대학교 지구환경과학부 장민희 님에게 감사합니다.

허창회

## 이 책을 읽는 어린이에게

　아저씨는 어렸을 때 키가 작았어요. 무서운 것을 보면 눈을 감아 버릴 만큼 겁도 많았고요. 밖에 나가서도 친구들과 잘 어울리지 못하고 햇볕이 드는 모퉁이에 앉아 생각나는 것을 땅바닥에 그리곤 했지요.
　어깨에 크고 빛나는 날개를 달고 하늘을 나는 늠름한 내 모습을 그려 놓고는 나쁜 사람에게는 손을 높이 들어 바람을 불어 내쫓는 주문을 외우고, 번개를 쳐서 혼내 주는 그런 상상을 했어요. 얼마나 신났는지 몰라요. 이런 생각을 할 때마다 빙그레 웃으며 엉덩이에 묻은 흙을 툭툭 털고는 친구들이 모여 있는 곳으로 뛰어가곤 했어요.
　지금은 어른이 되어 아빠가 되었는데도 가끔씩 이런 상상을 해요. 마음대로 하늘을 날고, 바람과 비를 부를 수만 있다면 얼마나 좋을까요? 그러면 이 세상에서 가장 힘센 사람이 되어 정말로 나쁜 사람들을 혼내

줄 텐데 말이에요.

 아마 어깨에 날개를 달고 날아다니는 꿈은 지금은 아니지만 언젠가는 이루어질지도 몰라요. 옷처럼 입는 날개 로봇을 만들어 하늘을 날 수도 있지 않을까요? 하지만 바람과 비를 부르는 꿈은 과학이 아무리 발달해도 이루어지지 않을 거예요.

 먼 훗날의 일을 어떻게 자신할 수 있냐고요? 여러분도 이 책을 끝까지 읽어 보면 아저씨 생각이 맞는다고 할 거예요. 이제 바람이 어떻게 생겨나기에 사람이 도저히 부를 수 없는지 알아보도록 해요. 또 날씨 예측은 어떻게 하는지도 공부해 봐요.

허창회

## 이 책을 선택하신 부모님과 선생님께

생활이 윤택해질수록 깨끗한 자연환경을 갈망하는 마음이 커집니다. 황량한 들보다는 푸른 숲, 검고 탁탁한 물보다는 속이 훤히 보이는 맑은 물, 숨이 막히는 잿빛 하늘보다는 싱그러움이 가득한 깨끗한 공기를 원하지요.

그러나 산업 발달과 더불어 자연환경은 더러워지고 아이들의 마음도 각박해졌어요. 제가 어렸을 때에는 들에 나가서 잠자리채를 마음껏 휘두르고, 그러다 싫증 나면 개울물에서 멱을 감기도 했어요. 색깔이 바랜 옛날 사진을 들추어 보면 저와 제 친구들의 몰골이 꾀죄죄하기는 해도 얼굴은 밝았는데, 요즘 아이들 얼굴에는 밝은 모습이 수십 년 전 저의 모습보다 훨씬 덜한 듯 보입니다. 놀기보다는 숙제를 해야 하고, 또 시간 맞춰 학원에 가야만 하는 빡빡한 일정 때문은 아닐까요? 이러다

가 아이들이 공부에 대한 흥미를 잃지는 않을까 걱정되기도 해요.

　이 책은 날씨에 대한 내용을 담고 있어요. 다소 이해하기 어려운 면도 있지만 놀기 좋아하는 아이들에게 자연을 연구하는 방법을 알려 주려고 합니다. 이 책의 어떤 내용도 암기할 필요가 없습니다. 아이들이 이미 알고 있는 조그만 상식에, 생각을 더하며 책을 읽다 보면 대기 과학에 대한 상당한 지식을 가질 수 있을 것입니다. 나아가 자연 과학을 즐거이 접할 수 있는 계기가 되기를 바랍니다.

　이 책은 날씨는 왜 변하는지, 어떻게 날씨를 예측할 수 있는지, 왜 날씨 예측은 완벽하지 않은지와 같은 물음에 답을 합니다. 날씨를 이해하기 위해서는 바람을 알아야만 합니다. 날씨를 구성하는 가장 중요한 요소 중 하나가 바로 바람이기 때문입니다.

　1장에서는 아이들에게 바람과 날씨의 중요성을 알려 주기 위해 적벽대전에서 제갈량의 활약상을 얘기하였습니다. 바람의 방향이 고기압과 저기압 기압계의 배치에 따라 달라지는 현상도 설명하였습니다.

　2장에서는 가까운 곳에서 온도 차이에 의해 기압계의 배치가 달라지는 현상을 얘기했습니다. 산곡풍과 해륙풍이 그 좋은 예입니다.

　3장에서는 지구의 온도 차이가 결국 지구가 흡수하는 태양 복사 에너지의 차이에 따라 나타나는 현상을 설명하였습니다. 위도와 계절에 따라 온도가 달라지는 이유가 바로 이 때문입니다. 또 지구가 하루에 한 번씩 자전하기 때문에 발생하는 전향력(코리올리 힘)을 대포를 예로 들어 설명하였습니다.

　4장에서는 전향력에 의해 위도에 따라 바람의 방향이 어떻게 바뀔 수 있는지를 구름을 예로 들어 설명했습니다. 위도에 따른 온도 분포의 차이로 해들리 순환과 페럴 순환, 제트류가 발생하게 되는데, 이 대규모 대기 순환을 아이들이 이해할 수 있도록 가능한 한 쉽게 설명하였습니다.

   5장에서는 중위도에서 바람의 주된 방향이 서풍이고, 날씨를 변화시키는 기압계가 이 바람을 타고 동쪽으로 움직이는 것을 무지개를 예로 들어 설명하였습니다.
   끝으로 6장에서는 날씨 예측의 중요성과 정확한 날씨 예측을 위해 애쓰는 대기 과학자에 대해 얘기했습니다.
   부모님과 선생님께서 아이들이 책을 끝까지 읽을 수 있도록 지도해 주세요. 한 권의 책을 끝까지 읽을 수 있는 능력이 바로 자연 과학 공부를 잘할 수 있는 첫걸음이라고 생각합니다.
   책을 시작하기 전에 감사드려야 할 분들이 있습니다. 풀빛 출판사 홍석 사장님과 서울대학교 지구환경과학부 최용상 님이 많은 도움을 주었습니다. 감사합니다.

허창회

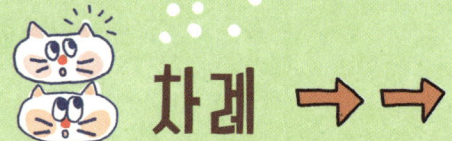 차례

개정판을 내며 4
이 책을 읽는 어린이에게 6
이 책을 선택하신 부모님과 선생님께 8

## 1 제갈량이 바람을 불렀다고?

제갈량은 기상 예보관? 19
공기가 움직이니까 바람이 부는 거예요 21
겨울에 우리나라에는 왜 북풍이 불까요? 24
바람은 공기의 양을 같게 하려고 불지요 25

## 2 하루 동안 바뀌는 바람의 방향

온도가 다르면 기압 차이가 생겨요 - 산곡풍 31
육지와 바다의 작은 세계 - 해륙풍 35
백사장과 바닷물의 온도가 다른 세 가지 이유 38
여름에는 북태평양에 고기압,
겨울에는 시베리아에 고기압 41

## 3 바람을 불게 하는 태양

태양열을 받는 양에 따라 온도가 달라져요 49
바람 세기는 온도 차이에 따라 달라져요 51
대포알의 비밀? 53
열대 지역에서 올라간 공기가
중위도에서 고기압을 만들어요 56

## 4 지구는 거대한 풍차

구름을 보고 바람을 관찰해요 60

중위도 지역에선 서풍,
열대 지역에선 동풍이 불어요 62

남반구에서는 어떤 바람이 불까요? 64

왜 미국에서 서울로 오는
시간이 더 오래 걸리나요? 66

## 5 무지개 속에 감추어진 날씨의 비밀

무지개는 이렇게 만들어져요 72

태양을 등져야만 볼 수 있는 무지개 74

무지개와 날씨 75

## 6 완벽한 날씨 예측을 위한 도전

만약 일기 예측이 없다면? 79

일기 예보는 누가, 어디서, 어떻게 하나요? 81

기상 예보관이 하는 일 84

기상 예보관은 거짓말쟁이! 85

완벽한 날씨 예측을 위한 도전 87

# 1 제갈량이 바람을 불렀다고?

중국 후한 말, 조조에 맞서 전쟁을 하던 제갈량은 적벽에서 조조를 꺾기 위해 묘수를 세웠어요. 남동풍이 부는 날 조조의 군대를 불바다로 만들 계획이었지요. 하지만 전쟁이 한창이던 겨울, 적벽에서는 남동풍이 불지 않았어요. 제갈량은 남동풍이 불기를 간절히 기도했지요. 그러자 거짓말처럼 정말로 남동풍이 불기 시작했어요. 오나라 총사령관 주유는 믿을 수가 없었어요.

아니, 이럴 수가! 겨울철에 남동풍이 불다니! 제갈량은 정말 무서운 사람이구나.

우리 오나라의 장래를 위해선 제갈량을 반드시 죽여야겠다.

주유는 부하들을 제갈량이 기도를 올리고 있는 난핑산으로 보내 죽이라고 명령했어요. 그러나 이미 제갈량은 이를 눈치채고 자기 나라로 배를 타고 떠난 뒤였지요.

어쩔 수 없다. 지금은 남동풍이 세차게 불고 있으니 조조를 먼저 무찌르자.

오나라의 대군은 바람을 타고 조조의 군대를 향해 힘차게 배를 저어 갔어요.

그때 조조는 자신의 배에 장수들을 모아 놓고 술을 마시고 있었어요.

오늘따라 이상하게 남동풍이 불고 있으니 대책을 세우셔야 할 것 같습니다.

걱정 마라. 이제 싸움은 끝난 거나 마찬가지다.

조조의 배는 순식간에 불바다가 되었어요. 군사들은 미처 피할 길을 찾지 못해 우왕좌왕했지요.

불길은 때마침 불어오는 남동풍을 타고 강에 매어 둔 배들뿐만 아니라 강 언덕에 있던 창고와 마구간에도 옮겨 붙어 모조리 태워 버렸어요. 여기저기서 불길이 치솟는 걸 본 조조는 넋이 나간 듯 서 있었답니다.

이 이야기는 삼국지에 나오는 유명한 적벽 대전이에요. 이 싸움에서 오나라 장수 주유는 조조군의 배를 묶어 놓은 뒤 바람을 이용해 조조의 진영을 단숨에 불바다로 만들고자 했지요.

그런데 문제는 바람이었어요. 모든 군사가 커다란 부채를 들고 아무리 부쳐도 없는 바람이 만들어지지는 않을 테니까요. 더군다나 북풍이 불어오는데, 부채로 바람의 방향을 반대로 돌릴 수는 없는 일이었지요.

조조는 강 북쪽에, 주유는 강 남쪽에 진을 치고 있었어요. 겨울에 바람은 북쪽에서 남쪽으로 불기 때문에 불로 조조의 배를 공격하더라도 바람을 타고 강 남쪽에 자리 잡은 주유의 진영으로 번지겠지요. 오히려 오나라 배가 불바다로 변할 거예요.

겨울에 어떤 바람이 부는지를 잘 아는 조조는 주유나 제갈량이 절대로 불을 이용해 공격하지 못하리라고 자신했어요. 주유의 고민을 눈치 챈 제갈량은 조조를 무찌르는 데 반드시 필요한 남동풍을 부르겠다고 약속을 했지요. 그리고 제갈량이 기도를 올리자 정말로 남동풍이 불었어요.

정말 기도로 바람의 방향을 바꿀 수 있을까요?

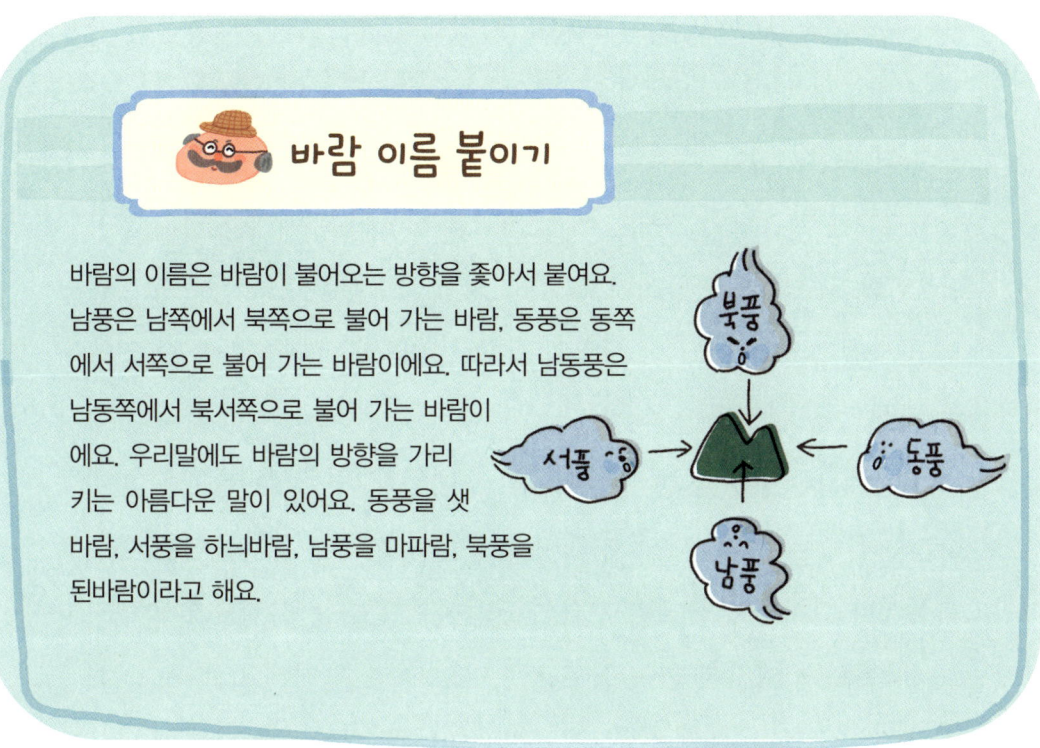

### 바람 이름 붙이기

바람의 이름은 바람이 불어오는 방향을 좇아서 붙여요. 남풍은 남쪽에서 북쪽으로 불어 가는 바람, 동풍은 동쪽에서 서쪽으로 불어 가는 바람이에요. 따라서 남동풍은 남동쪽에서 북서쪽으로 불어 가는 바람이에요. 우리말에도 바람의 방향을 가리키는 아름다운 말이 있어요. 동풍을 샛바람, 서풍을 하늬바람, 남풍을 마파람, 북풍을 된바람이라고 해요.

## 제갈량은 기상 예보관?

아저씨가 지금까지 삼국지를 열 번도 넘게 읽었지만 가장 재미있고 가슴 설레는 부분은 바로 제갈량이 바람을 일으켜 백만이 넘는 조조의 대군을 단번에 무찌르는 적벽 대전 대목이에요.

한편으로는 이 부분을 읽을 때마다 '제갈량은 어떻게 겨울철에 남동풍을 불게 했을까?' 하는 의문도 들었어요. 하느님이 제갈량의 간절한 기도를 들어준 것일까요? 만약 그렇다면 하느님은 어떻게 바람을 불게 했을까요?

　아저씨는 제갈량이 기도를 해서 바람을 불렀다는 얘기를 믿지 않아요. 바람이 어떻게 만들어지고, 어느 방향으로 부는지를 아주 오랫동안 공부했거든요. 어느 한 사람의 기도로 바람의 방향을 바꿀 수 없다는 사실도 잘 알지요.

　아마 제갈량은 중국 여러 지역에서 오랫동안 바람을 관찰했을 거예요. 중국 중부 지역을 가로지르며 흐르는 양쯔강에서 겨울에는 주로 북풍이나 북서풍이 불지만 가끔씩 남동풍이 분다는 사실을 알았겠지요. 남동풍이 며칠에 한 번꼴로 부는지도 알았을 거예요. 다시 말해 제갈량은 훌륭한 전쟁 전략가일 뿐만 아니라 기상 예보관의 역할도 담당했던 것이지요.

　요즘에는 텔레비전이나 신문을 보고 내일 날씨를 짐작할 수 있어요. 그러나 무엇 때문에 날씨가 변하고, 또 어떻게 날씨를 미리 알 수 있는지에 대해서 자세히 아는 사람은 많지 않아요.

　이제부터 아저씨는 날씨가 어떻게 달라지는지 알기 쉽게 설명하려고 해요. 하지만 그 전에 여러분이 꼭 알아야 할 것들이 있어요. 바로 바람과 기압이에요. 바람과 기압이 변하기 때문에 날씨가 변하니까요. 그럼 이제 시작해 볼까요?

## 공기가 움직이니까 바람이 부는 거예요

하늘에는 엄청나게 많은 공기가 떠 있어요. 너무나 많아서 지면 위, 그러니까 땅에서부터 하늘 끝까지의 공기를 모두 합치면 우리가 상상할 수 없을 만큼 무거워요. 하지만 아무도 공기가 무겁다고 생각하지 않아요. 왜냐하면 공기는 하늘 어디에나 있고, 위에서 누를 뿐만 아니라 양옆, 밑에서도 서로 떠받쳐 주고 있어 그 무게를 전혀 느끼지 못하기 때문이지요.

수영장을 예로 들어 볼까요? 수영장 바닥으로 내려갈수록 분명히

더 많은 물이 우리 몸을 누르고 있지만 우리는 그 무게를 느끼지 못해요. 하늘의 공기와 마찬가지로 수영장의 물도 서로 떠받쳐 주고 있기 때문이에요.

손을 앞으로 내밀어 보세요. 비록 느끼지는 못하지만, 무려 100킬로그램이나 되는 엄청난 무게의 공기가 여러분이 내민 손바닥을 누르고 있어요. 이와 같이 공기가 어느 면을 누르고 있는 힘을 기압이라고 해요. 기압은 공기량이 적으면 누르는 힘이 약해져 낮아지고, 반대로 공기량이 많으면 누르는 힘이 세져 높아져요.

일기 예보 시간에 고기압이나 저기압이라는 말을 들어 본 적이 있지요? 고기압은 공기가 주변보다 많아서 기압이 높은 곳을 말해요. 저기압은 주변보다 공기가 적어서 기압이 낮은 곳을 말하고요.

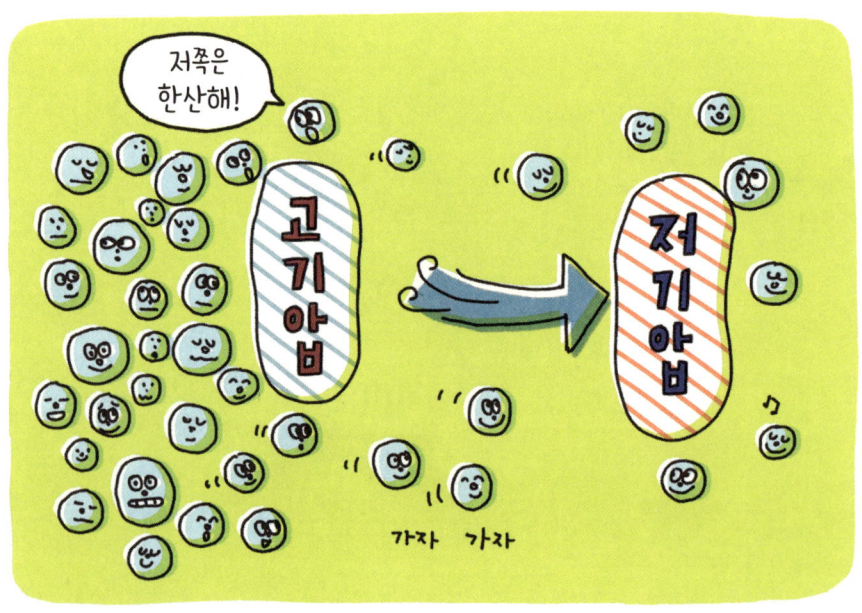

물이 높은 곳에서 낮은 곳으로 흐르듯, 공기도 많은 곳에서 적은 곳으로 움직여요. 공기가 많은 곳이 고기압이고 적은 곳이 저기압이라고 했으니, 당연히 공기는 고기압에서 저기압을 향해 움직이지요. 고기압과 저기압의 기압 차이가 크면 클수록 공기도 빨리 움직여요. 다시 말하면 바람은 고기압에서 저기압을 향해 불고, 기압 차이가 클 때 세게, 기압 차이가 작을 때 약하게 불어요.

##  기압은 어디에서나 같을까요?

하늘에 있는 모든 공기가 지구를 누르고 있는 힘을 기압이라고 해요. 우리가 사는 지상에서 공기는 1제곱미터($m^2$)당 1만 킬로그램(kg)의 질량(10,000kg/$m^2$)을 갖고, 지구 중력 가속도는 10m/$s^2$ 정도예요.

공기가 지구를 누르는 힘을 질량과 중력 가속도의 곱(10,000kg/$m^2$×10m/$s^2$)으로 나타낼 수 있으니까 지상에서 기압은 100,000kg/m/$s^2$예요. 헥토(h)가 100을 나타내는 값이므로 기압은 1,000 헥토파스칼(hPa)이며, 헥토파스칼을 밀리바(mb)로 나타내기도 하지요. 기압은 5.5킬로미터 올라갈 때마다 절반씩 감소한다고 해요. 따라서 지상 기압이 1,000 헥토파스칼이라면 고도 5.5킬로미터에서는 500 헥토파스칼, 고도 11킬로미터에서는 250 헥토파스칼 정도가 돼요.

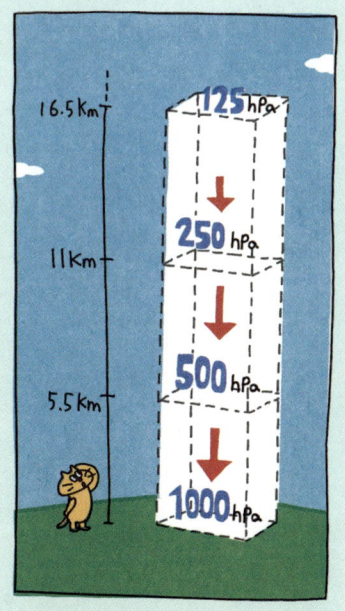

• 1hPa=1mb=1,000kg/m/$s^2$

## 겨울에 우리나라에는 왜 북풍이 불까요?

오랫동안 바람을 자세히 관찰해 보면 계절이 바뀌면서 바람의 방향도 바뀌는 것을 알 수 있어요. 예를 들어 겨울에 우리나라에는 차고 건조한 바람인 북풍이나 북서풍이 자주 불어와요. 적벽 대전에서 조조가 오나라를 공격했을 때도 겨울이었어요.

겨울이니까 양쯔강에서도 우리나라와 마찬가지로 북풍, 북서풍이 주로 불고 남풍이나 남동풍은 거의 불지 않아요. 그런데 겨울에 북풍이 부는 이유는 무엇일까요? 추운 시베리아가 북쪽에 있기 때문일까요? 정확히 말하면 시베리아가 북쪽에 있어서가 아

시베리아 찬 바람을 받아랏!

니라, 시베리아 지역에 고기압이 있기 때문이에요.

겨울에는 시베리아 고기압으로부터 무척 찬 바람이 북풍이나 북서풍 형태로 우리나라나 중국으로 불어와요. 북풍은 우리나라가 속해 있는 동북아시아에만 불지는 않아요. 고기압이 있는 곳이면 어디든지 그 지역 남쪽이나 남동쪽에서는 북풍이 불어요. 미국 중부나 동부 지역에서도 겨울에는 북풍이 불지요. 이때 미국은 시베리아 고기압의 영향이 아니라 캐나다에 위치한 고기압의 영향을 받아요.

하지만 겨울이라고 세계 모든 지역에서 북풍이 불지는 않아요. 예를 들어, 겨울이라도 고기압 서쪽에 위치한 유럽이나 미국 서부에서는 북풍보다는 서풍 계열 바람이 불어요. 이제 한 걸음 더 나아가 고기압 남쪽이나 남동쪽에서는 왜 북풍이 부는지 알아보아요.

## 바람은 공기의 양을 같게 하려고 불지요

빵빵하게 부풀어 오른 풍선을 생각해 보세요. 잡고 있던 풍선의 꼭지를 놓으면 풍선 안에 잔뜩 움츠리고 있던 공기가 세차게 밖으로 나오면서 오그라들 거예요. 이때 풍선이 클수록 공기가 빠져 나오는 속도도 빠르지요.

풍선에서 바람이 나오는 이유는 공기가 많은 풍선 안에서 상대적으로 공기가 적은 풍선 밖으로 나가려고 하기 때문이에요. 더 정확하게 설명하면 같은 부피에 들어 있는 공기량이 풍선 밖보다 풍선 안이 더 많은 거예요.

하늘에서 바람이 부는 이유도 이와 비슷해요. 공기량을 같게 하려고 주변보다 공기가 많은 고기압 지역에서 공기가 적은 저기압 지역으로 바람이 부는 것이지요. 이때 공기의 많고 적음은 어느 지역에 떠 있는 모든 공기를 합한 질량이 주위보다 큰지 작은지로 결정해요.

그러니까 시베리아 지역이 고기압일 때 공기는 주위에 공기가 적은 지역으로 움직여요. 마치 공기가 풍선 안에서 밖으로 나가는 것처럼요. 겨울철 우리나라도 마찬가지예요. 북쪽에 시베리아 고기압이 있어서 바람이 사방으로 불어 나가니까 북풍이나 북서풍이 주로 불지요.

그렇다면 여름에는 어떤 바람이 불까요? 여름에는 우리나라 남쪽에 있는 북태평양에 고기압이 있으니까 여름에는 남풍이 불어요. 게다가 남풍이 불면서 태평양 위에 떠 있던 엄청난 양의 수증기가 바람에 실려 우리나라로 와요. 그래서 여름에는 장마가 지고 많은 비가 내리지요.

또 장마가 끝난 뒤에는 이 무덥고 습한 바람 때문에 찜통더위가 찾아와요. 어떤 때에는 태풍이 이 바람을 따라 우리나라에 오기도 하고요. 그러면 많은 비와 센 바람으로 인해 엄청난 피해를 입게 되지요.

우리나라에서는 겨울에 시베리아 고기압으로부터 북풍이나 북서풍이 불어옵니다.

우리나라에서는 여름에 북태평양 고기압으로부터 남풍이나 남동풍이 불어옵니다.

그럼 왜 겨울에는 시베리아 지역에 고기압이 생기고, 여름에는 북태평양에 고기압이 생길까요? 겨울에 북태평양에 고기압이 생기고 여름에는 시베리아에 고기압이 생기면 바람의 방향이 지금과는 반대일 텐데 말이에요. 그러면 겨울에는 남쪽으로부터 따뜻한 바람이 불어와 훨씬 따뜻하지 않을까요?

또 시베리아 저기압과 북태평양 저기압은 안 생길까요? 안타깝지만 그런 일은 절대로 일어날 수 없어요. 왜 그런지는 다음 장에서 함께 살펴보도록 해요.

## 몬순과 장마

몬순은 계절에 따라 바람의 방향이 바뀌는 현상이에요. 우리나라에서는 여름에 남풍이 불고 겨울에 북풍이 불어요. 따라서 우리나라는 몬순 기후에 속하고, 몬순의 한 형태로 장마가 발생하지요. 여름철 몬순 시기에 비가 많이 내리기 때문에 몬순을 비가 내리는 현상으로 혼동하기도 하지만, 몬순은 비가 아닌 바람의 방향과 관계있는 현상이에요.

장마는 여름철에 여러 날을 계속해서 비가 많이 오는 현상을 말해요. 대개 6월 중순에 시작하여 7월 말에 끝나지요. 장마는 우리나라뿐 아니라 중국, 일본에도 있어요. 중국에서는 장마를 '메이유'라고 부르며, 일본에서는 '바이유'라고 불러요.

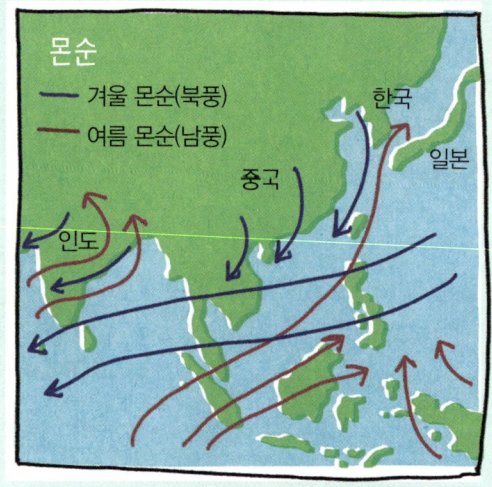

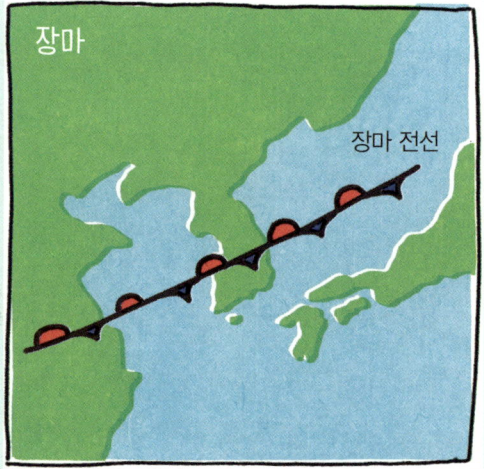

## 2 하루 동안 바뀌는 바람의 방향

'산 위에서 부는 바람 시원한 바람'으로 시작하는 동요를 알고 있나요? 아저씨는 더운 여름날에 가끔 부르곤 해요.

햇볕이 쨍쨍 내리쬐고 습도가 높아서 가만히 앉아 있어도 땀이 나는 날에는 시원한 산바람이 필요해요. 아저씨도 친구들과 어깨동무를 하고 이 노래를 많이 불렀어요.

그런데 산에서는 바람이 항상 산 위 능선에서 산 아래 골짜기로만 불까요? 당연히 그렇지 않지요. 어떤 때는 골짜기에서 능선을 향해서 불어요.

하지만 산 위 온도가 낮아서 아래로 부는 바람은 시원하고, 산 아래

에서 위로 부는 바람은 이보다는 온도가 높은 바람이지요. 한여름에 산 아래로부터 더운 바람이 불면 무더워서 짜증이 날 거예요.

## 온도가 다르면 기압 차이가 생겨요 - 산곡풍

재미있는 실험을 한번 해 볼까요? 준비물로 커다란 그릇, 두꺼운 종이, 빨간색 물감, 파란색 물감만 있으면 돼요.

먼저 커다란 그릇 가운데에 두꺼운 종이를 세우고 한쪽에는 뜨거운 물을, 다른 한쪽에는 차가운 물을 넣으세요. 그다음 뜨거운 물에는 빨간색 물감을, 차가운 물에는 파란색 물감을 풀어요. 이제 두꺼운 종이를 치워 보세요. 물이 어떻게 움직이나요?

빨간색 물은 위로 올라가고, 파란색 물은 아래로 내려가요. 뜨거운 물의 밀도가 차가운 물의 밀도보다 낮기 때문에 그런 거예요. 같은 물이라도 온도가 다르면 밀도가 달라져요. 따라서 밀도가

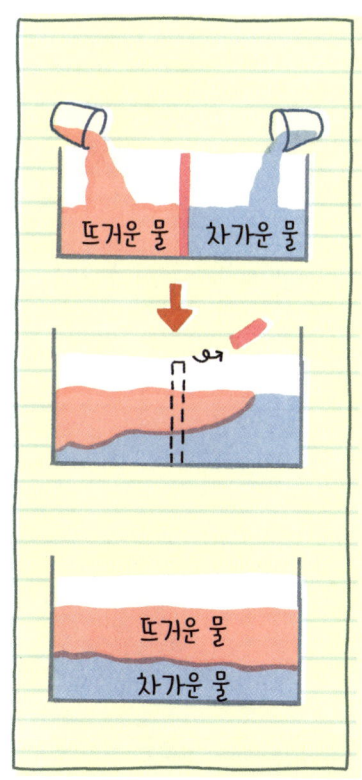

뜨거운 물과 차가운 물을 섞으면 밀도가 낮은 뜨거운 물이 위로 올라갑니다.

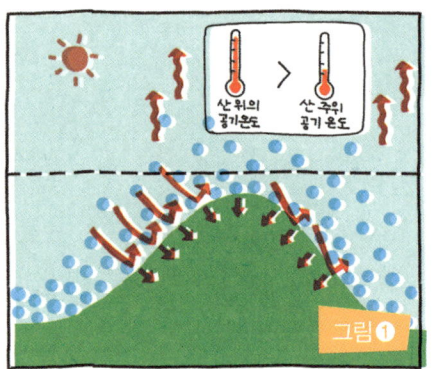

낮 동안 산 위 온도는 같은 높이에 있는 공기의 온도보다 높아집니다.

산꼭대기 지면은 저기압이 되고 그 위는 고기압이 됩니다.

고기압 지역인 산 아래에서 저기압 지역인 산 위를 향해 공기가 모여듭니다.

낮은 뜨거운 물이 위로 올라가고, 밀도가 높은 차가운 물이 아래로 내려가지요.

산 위의 공기는 어떨까요? 산 위 공기도 서로 온도가 달라지면 실험에서 본 것과 같은 일이 일어나요. 해가 떠 있는 낮 동안을 생각해 보세요.

그림❶을 보면 지면은 공기보다 열을 빨리 흡수하고, 반대로 열을 빨리 내놓기 때문에 낮에는 지면이 공기보다 빨리 뜨거워져요. 그래서 산꼭대기에 있는 공기의 온도가 같은 높이에 있는 주위 공기의 온도보다 높아져서 산꼭대기 공기는 부피가 커지고 밀도는 낮아지지요.

밀도가 낮아진 산꼭대기 부근의 공기는 그림❷처럼 위로 올라가니까 산꼭대기 위 하늘에서는 주변보다 기압이 높아져요(고기압). 그래서 공기가 주변으로 빠져나가니까 산꼭대기 지면에서는 기압이 낮아져요(저기압).

그러나 온도가 상대적으로 낮은 산 주위 공기에서는 이와는 반대 현상이 일어나요. 부피가 작아져 수축되니까 밀도가 높아져서 산 아래 지면에서는 기압이 높아지고(고기압), 산꼭대기 주변에서는 기압이 낮아져요(저기압). 그림❸처럼요.

그림❶, ❷, ❸을 종합해 보면 어떻게 될까요? 지면에서는 고기압 지역인 산 주변 공기가 저기압 지역인 산을 향해 모여들고, 모여든 공기는 위로 올라가겠지요. 마치 뜨거운 물이 위로 올라가는 것처럼 말이에요.

또, 산 아래에서는 공기가 빠져 나간 빈자리를 채우기 위해 그 위에 있던 공기가 밑으로 내려올 거고요. 차가운 물이 아래로 내려오는 것처럼 말이에요. 그래서 낮 동안에는 산 아래에서 산 위로 바람이 불어요.

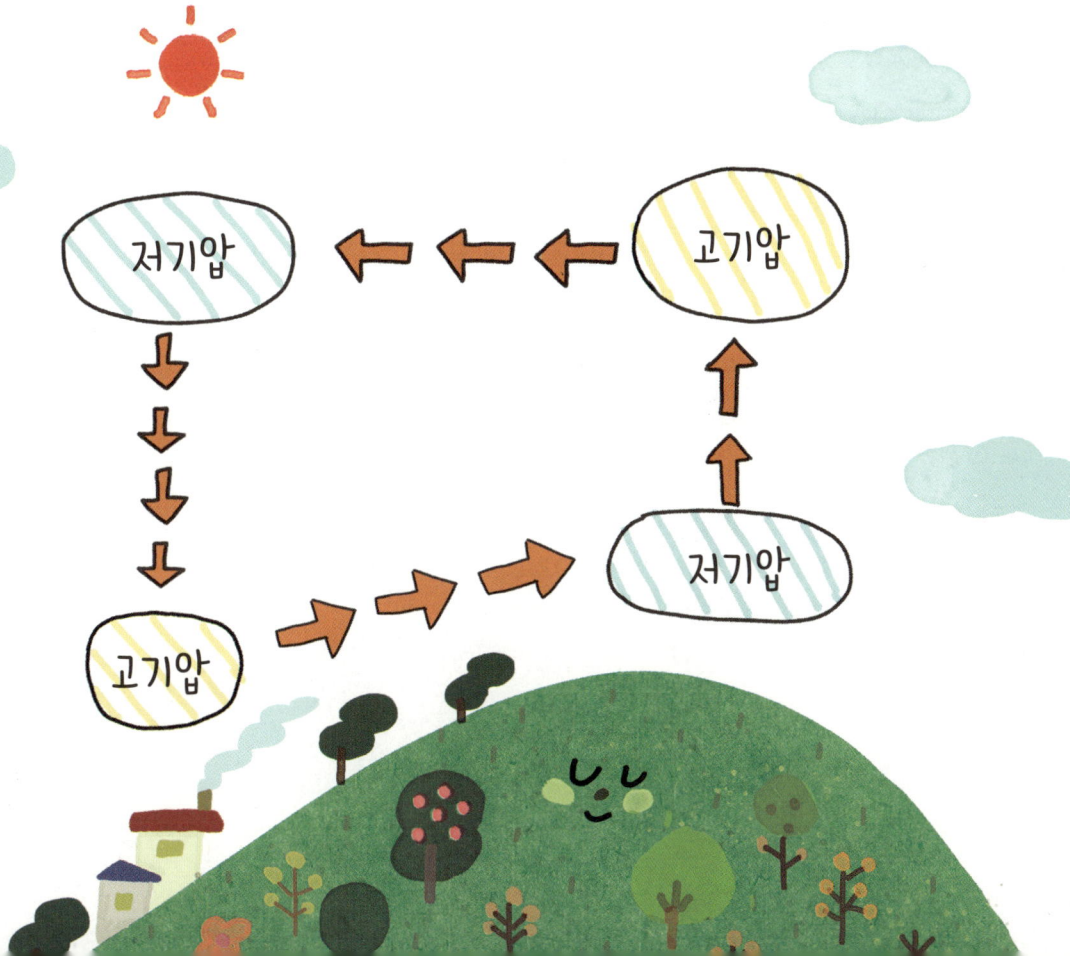

그럼 밤 동안에는 어떻게 될까요? 밤에는 산꼭대기 온도가 더 낮아지니까 고기압이 만들어지고 상대적으로 온도가 높은 산 주위에서는 저기압이 만들어져요. 바람의 방향은 낮과는 정반대로 산 위에서 산 아래로 분답니다.

이렇게 낮과 밤 동안 산을 중심으로 방향이 정반대로 바뀌면서 부는 바람을 산곡풍이라고 해요. 산 위에서 부는 바람을 산풍, 산 아래에서 부는 바람을 곡풍이라고 하지요. 이제 왜 산에서 낮에는 곡풍이 불고, 밤에는 산풍이 부는지 알겠지요? 하지만 이런 바람이 항상 부는 것은 아니에요. 주변의 바람이 약하고 날이 맑을 때에만 분답니다.

 **부피와 밀도**

부피는 공간의 크기를 말해요. $m^3$, $cm^3$, $ℓ$, cc로 나타내지요. 밀도는 질량을 부피로 나눈 값으로 $kg/m^3$ 혹은 $g/cm^3$로 나타내고요.

같은 질량의 물일지라도 온도가 높아지면 분자 운동이 활발해져 부피가 커지기 때문에 밀도는 낮아져요. 반대로 온도가 낮아지면 분자 운동이 느려져 부피가 작아지기 때문에 밀도는 높아지지요.

온도가 높으면 밀도가 낮아집니다.

온도가 낮아지면 밀도가 높아집니다.

## 육지와 바다의 작은 세계 - 해륙풍

한여름 바닷가에 놀러 가 시원한 바람을 맞아 본 적이 있나요? 뜨거워진 모래사장을 밟고 있는 발바닥에서는 불이 나지만, 바다에서 불어오는 시원한 바람이 고마워 시간 가는 줄 모르고 뛰어놀지 않았

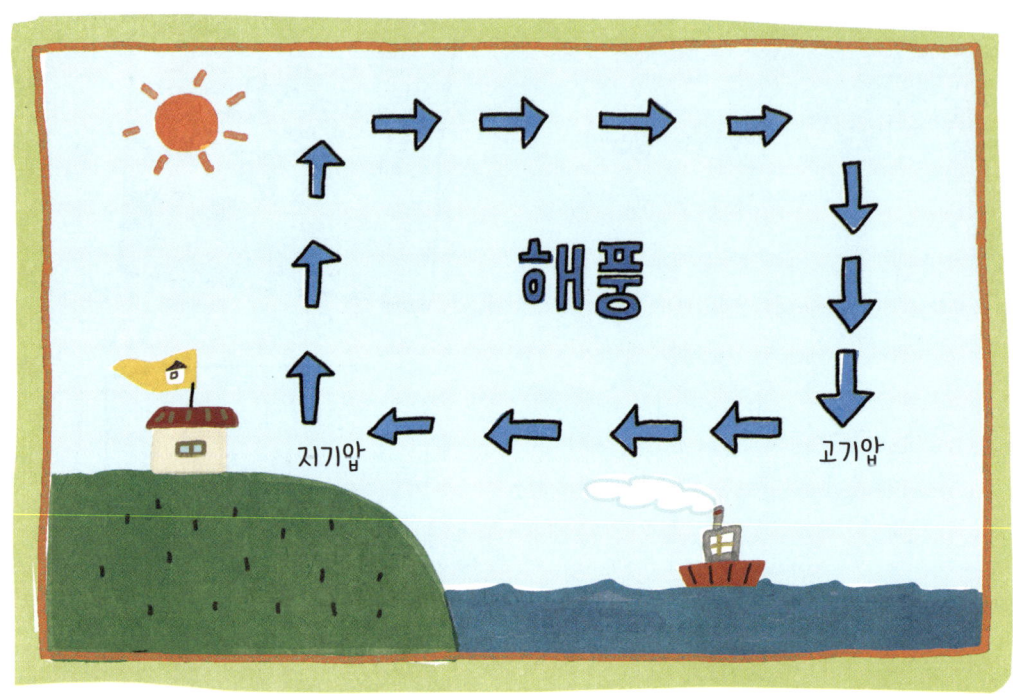

해풍 – 낮 동안 바다에서 육지로 부는 바람

나요?

앞에서는 산에서 부는 바람에 대해 이야기했어요. 하지만 산에서만 바람의 방향이 바뀌지는 않아요. 바닷가에서도 낮과 밤 사이에 바람의 방향이 바뀌어요. 이 바람을 해륙풍이라고 하는데, 산곡풍과 마찬가지로 낮과 밤 사이에 생기는 온도 차이 때문에 기압이 달라져서 생겨요.

낮 동안에는 바다보다 땅이 더 빨리 더워지겠지요? 그러니까 육지에 저기압이 생기고 바다에 고기압이 생겨요. 그래서 바다에서 육지

육풍 – 밤 동안 육지에서 바다로 부는 바람

로 바람이 불어요. 이 바람을 해풍이라고 해요.

 밤에는 이와는 반대로 육지가 바다보다 빨리 식어서 바다 온도가 높아지기 때문에 육지에 고기압이 생기고 바다에 저기압이 생겨요. 즉, 육지에서 바다로 바람이 불어요. 이 바람을 육풍이라고 해요. 결국 해풍과 육풍이 생기는 이유도 낮과 밤에 육지와 바다에서 온도 차이가 나기 때문이지요.

바람은 온도 차이 때문에 부는구나~

## 백사장과 바닷물의 온도가 다른 세 가지 이유

무더운 여름날 바닷물에 들어가면 온몸에 흐르던 땀도 쏙 들어가요. 백사장의 모래를 밟으면 발바닥이 델 정도로 뜨거운데 말이에요.

바닷물과 백사장의 온도를 재 보면 얼마나 온도가 차이 나는지 알 수 있어요. 심한 경우에는 그 차이가 10도(℃)가 넘어요. 그 이유는 앞에서도 얘기했듯이 바닷물보다 모래가 더 빨리 뜨거워지기 때문이에요. 왜 바닷물보다 모래가 더 빨리 뜨거워질까요?

물의 온도를 높이기 위해서는 열이 필요해요. 예를 들어 물 1그램의 온도를 1도 올리는 데에는 약 1칼로리의 열이 필요하지요. 이 열을 물의 비열이라고 해요.

모래의 온도를 올리는 데에도 마찬가지로 열이 필요하지만 물의 온도를 올리는 것만큼 많은 열이 필요하지는 않아요. 그래서 모래의 온도가 더 빨리 올라가지요. 그런데 모래

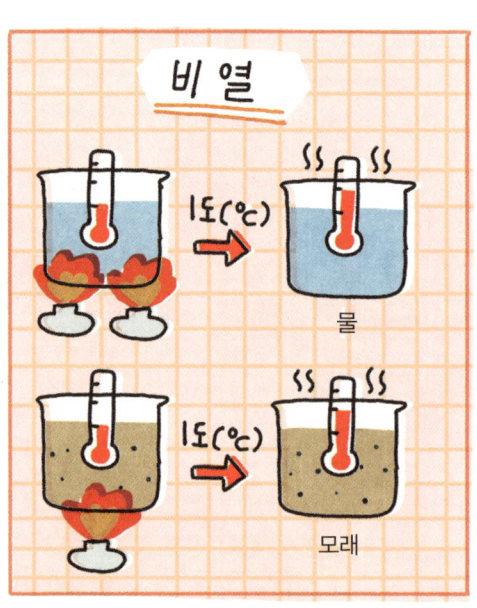

물은 온도를 높일 때 모래보다 더 많은 열이 필요합니다.

와 바닷물의 온도가 차이 나는 이유는 비열의 차이 말고도 다른 이유가 두 가지 더 있어요.

햇볕이 쨍쨍 내리쬐는 모래 밑으로 손을 넣어 보세요. 뜨거운 모래 표면에 비해 모래 속은 시원해요. 그럼 바닷물은 어떨까요? 무릎까지 바닷물에 담그고 서 있다면 무릎과 발목 사이의 온도 차이를 느낄 수 있을까요?

아니에요. 수십 미터 이상 아주 깊은 물속으로 들어가기 전까지는 온도 차이가 거의 없어요. 왜냐하면 물이 위아래로 움직이며 열을 나르기 때문이에요. 그에 비해서 모래는 움직일 수도, 열을 혼합시킬 수도 없어요. 따라서 아래로 전달되는 열도 아주 적어요.

다시 말해서 바닷물에 들어온 열은 위아래로 움직여 골고루 퍼지지만 백사장으로 들어온 열은 윗부분에만 집중돼요. 이것이 백사장이 바다보다 온도가 높은 두 번째 이유예요.

세 번째 이유는 증발의 차이예요. 햇볕이 잘 드는 곳에 물기가 많은 빨래와 물기가 거의 없는 빨래를 널어놓았다

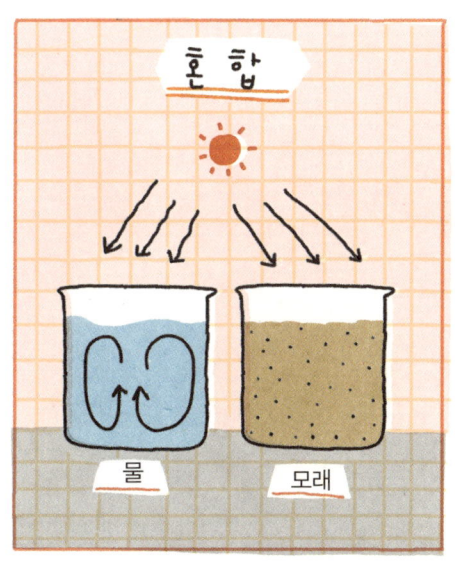

물은 모래보다 혼합이 자유롭기 때문에 열이 골고루 퍼집니다.

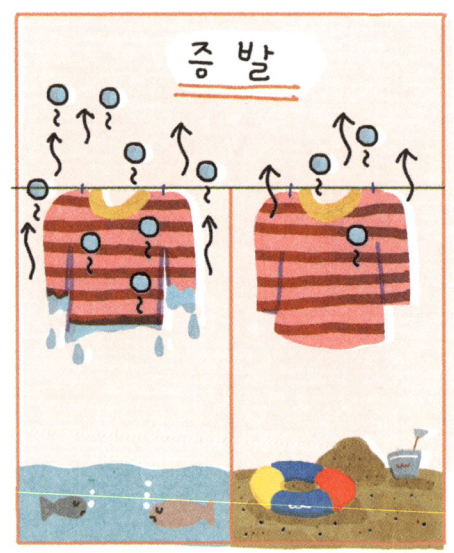

물기가 많을수록 증발에 많은 열을 사용하기 때문에 온도가 천천히 올라갑니다.

고 생각해 보세요. 얼마 뒤에 가 보면 물기가 거의 없는 옷은 금세 말라서 손을 대면 뜨거워요. 그러나 물기가 아직 남아 있는 빨래는 미지근할 거예요.

왜 그럴까요? 빨래가 마르는 이유는 물이 수증기로 변해 공기 중으로 날아가기 때문이에요. 액체인 물이 기체인 수증기로 변하기 위해서는 열이 필요해요. 자그마치 1그램당 600칼로리가 필요하지요. 온도를 1도 올리는 것과 비교할 수 없을 만큼 많은 열이에요.

따라서 물이 수증기로 변하면서 빨래로부터 열을 빼앗아 가기 때문에 온도는 천천히 올라가요. 그에 비해 물기가 적은 빨래는 증발할 물의 양이 적기 때문에 빨리 뜨거워지지요.

백사장과 바닷물에서도 같은 원리예요. 모래에는 물기가 없으니 증발이 거의 없겠지요? 따라서 물을 증발시키는 데에 열을 쓸 필요가 없어요. 그러나 바닷물에서는 상황이 달라요. 일정한 양의 열을 증발에 사용해야 하기 때문에 온도는 그만큼 천천히 높아지지요.

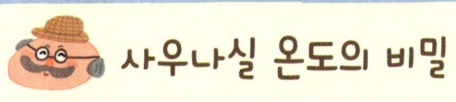 **사우나실 온도의 비밀**

사우나실 온도는 대개 90도 이상이에요. 이런 온도라면 물이 펄펄 끓기 직전인데, 어떻게 사람들이 오랫동안 들어가 있을 수 있을까요?

물 1그램을 1도 올리는 데에는 약 1칼로리의 열이 필요하지만, 공기 1그램을 1도 올리는 데에는 약 0.24칼로리의 열이 필요해요.

물의 비열은 1칼로리, 공기의 비열은 0.24칼로리, 공기 중에 떠 있는 수증기의 비열은 0.44칼로리예요. 사우나실의 비열은 공기와 수증기의 중간쯤이에요. 우리가 뜨거움을 느끼는 이유는 물이나 공기의 높은 온도 때문이 아니라 그 속에 포함된 열 때문이에요. 그래서 같은 온도일지라도 물보다 비열이 3배 정도 낮은 사우나실에 들어갔을 때에는 크게 뜨거움을 느끼지 못하는 것이지요.

## 여름에는 북태평양에 고기압, 겨울에는 시베리아에 고기압

아저씨가 겨울에는 북풍이 불어 아주 춥고, 여름에는 남풍과 함께 장마가 진다고 얘기한 것을 기억하나요? 하지만 어느 곳에서나 그렇지는 않아요.

만일 이 얘기를 유럽이나 아프리카에 가서 하면 그 나라 사람은 고개를 갸우뚱거릴 거예요. 왜냐하면 그 지역에서는 여름이라고 해도 특별히 비가 많이 내리지 않으니까요. 심지어 겨울에 더 많은 비가 내리는 곳도 있어요. 한편 사하라 사막은 겨울이고 여름이고 비가 거의 내리지 않지요.

대체 무엇 때문에 우리나라와 전혀 다른 날씨가 생길까요? 그 이유는 육지와 바다에서 온도가 다르기 때문이에요. 낮과 밤 동안 반복되는 산곡풍과 해륙풍 원리를 기억하지요? 그 원리를 여름과 겨울로 확대해 보세요. 여름을 낮에, 겨울을 밤에 대응시켜 보면, 여름에는 바다가 육지보다 온도가 낮고, 온도가 낮으면 기압이 높아지니 바다에서 고기압이 생길 거예요.

겨울에는 어떨까요? 반대로 육지가 바다보다 온도가 낮아 육지에

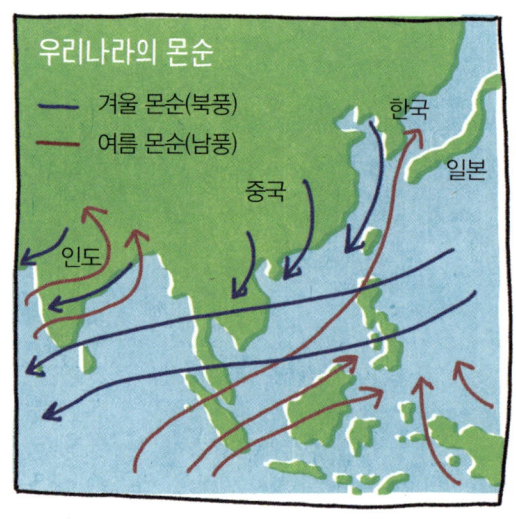

여름에는 바다에서 육지로, 겨울에는 육지에서 바다로 바람이 불어. 몬순을 계절풍이라고도 하지.

고기압이 만들어질 거예요. 그런데 여름과 겨울은 낮과 밤보다 훨씬 긴 3개월씩이나 돼요. 따라서 육지와 바다에서 만들어지는 고기압이나 저기압이 같은 지역에 오랫동안 머무르게 되지요. 이때 해륙풍보다는 훨씬 큰 규모로 공기가 움직이는 세계가 만들어지고요. 이러한 세계를 몬순이라고 불러요.

그러니까 몬순은 계절에 따라 육지와 바다에서 고기압과 저기압 위치가 반대로 되는 것을 말하지요. 다른 말로 표현하면 바람의 방향이 계절에 따라 바뀌는 현상이에요.

이제 왜 여름에는 북태평양에 고기압이 생기고, 겨울에는 시베리아에 고기압이 생기는지 알았나요? 나아가 육지와 바다의 온도 차이로 인해 바람의 방향이 바뀌는 것도요?

만일 지구상의 모든 바람이 해륙풍이나 산곡풍 형태로만 분다면 날씨는 낮과 밤 동안 서로 반대 형태를 띠며 바뀔 거예요. 그러면 날씨 공부가 직업인 아저씨나 기상 예보관들이 하는 일은 쉽고 따분하겠지요.

그러나 바람이 부는 것을 이처럼 쉽게만 설명할 수는 없어요. 몬순을 낮과 밤 동안 바람의 방향이 바뀌는 해륙풍을 확대해 놓은 것으로 생각할 수도 있겠지만, 몬순이 발생하고 유지되고 있는 이유는 이보다 훨씬 더 복잡하거든요.

왜냐하면 바다를 접하고 있는 대부분 지역에서 해륙풍을 관찰할 수 있지만, 몬순은 특정한 지역에서만 발견되거든요. 우리나라를 포함한 동아시아와 인도가 대표적인 지역이에요.

# 3 바람을 불게 하는 태양

태양이 없는 세상은 어떨까요? 낮에도 칠흑 같은 어둠뿐이고, 어디를 가려 해도 항상 휴대용 전등을 가지고 다녀야 할 거예요. 또 해가 비치지 않으니까 열을 받지 못해서 엄청 추워지겠지요. 많은 사람들이 열대 지역으로 이사를 가고 싶어 할 거예요.

그러나 이러한 노력들도 오래가지 못할 거예요. 태양에 의지해서 사는 모든 것이 지구상에서 사라지고 말 테니까요. 땅뿐 아니라 바닷물도 꽁꽁 얼어 버릴 거예요. 이건 핵전쟁이 일어나거나 지구가 소행성과 충돌하는 것보다 더 무서운 이야기예요.

하지만 너무 걱정하지 말아요. 태양은 그렇게 쉽게 없어지지 않을 테니까요. 천문학자들의 연구 결과에 따르면 태양은 앞으로도 50억 년은 더 있을 거라고 해요.

그런데 아저씨가 태양 얘기를 왜 꺼냈을까요? 바로 태양이 없으면 바람도 없어진다는 사실을 알려 주고 싶어서예요. 태양은 생명체만 살리는 것이 아니라 바람도 생기게 해요.

바람이 왜 생긴다고 했지요? 어느 두 지역의 기압이 다르기 때문이에요. 기압이 다른 이유는 온도가 다르기 때문이고요. 사실 지역마다 온도가 다른 이유는 너무나 많아요.

2장에서는 간단하게 육지와 바다, 혹은 산과 땅에서 흡수되는 태양열의 차이로 인해 온도가 달라진다고 얘기했어요. 그렇다면 왜 흡수되는 태양열이 다를까요?

3장에서는 위도에 따라 온도가 어떻게 달라지는지, 또 온도와 바람은 어떤 관계인지 알아볼 거예요.

##  경도와 위도가 뭐예요?

경도(Longitude)와 위도(Latitude)는 지구상에서 위치를 나타내기 위해 만들어졌어요. 지구 표면을 동서 방향으로 나눈 것이 경도, 남북 방향으로 나눈 것이 위도예요. 경도와 위도의 1도는 약 100킬로미터 길이예요.

경도 0도는 영국의 그리니치 천문대를 지나고, 위도 0도는 적도를 지나요. 남극과 북극은 각각 남북위 90도를 말해요.

우리나라 서울은 경도 127도, 위도 37.6도에 있어요. 대개 저위도(열대 지역)는 남위 30도부터 북위 30도까지, 중위도는 남북위 30도부터 60도까지, 고위도는 남북위 60도부터 극까지를 말해요.

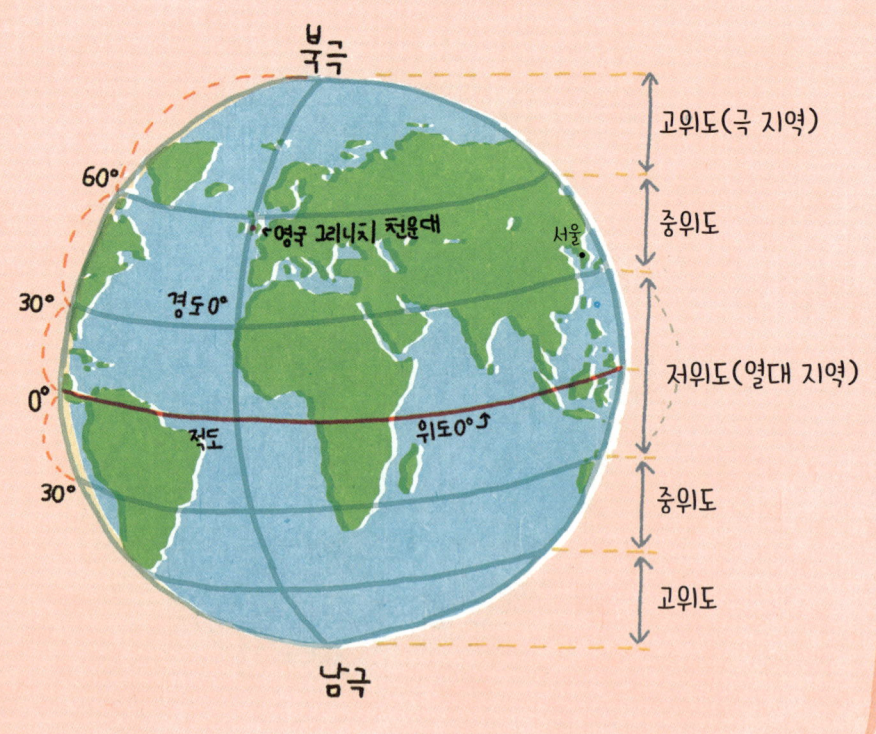

## 태양열을 받는 양에 따라 온도가 달라져요

북극 바다를 생각해 보세요. 하얀 털로 몸을 감싼 북극곰이 어슬렁거리고 빙하가 떠다니는 북극 바다. 생각만 해도 추워서 온몸이 부르르 떨리네요. 그러면 열대 바다는 어떨까요? 뜨겁게 내리쬐는 태양과 야자수 아래 넓게 펼쳐진 해변에서 벌거벗고 노는 아이들……

이처럼 같은 바다임에도 불구하고 위치에 따라 온도가 너무나 달라요. 열대 지역이 우리나라가 속한 중위도 지역이나 극 지역보다 훨씬 덥다는 사실을 잘 알 거예요. 온도는 적도에서 양극으로 갈수록 낮아지니까요.

그럼 왜 적도에서 극으로 갈수록 온도가 낮아질까요? 적도에서는 태양열을 많이 흡수하고 극에서는 적게 흡수하기 때문이에요. 태양은 태양계를 골고루 비추며 열을 내보내지만 행성은 태양이 비치는 쪽에서만 열을 흡수해요. 다시 말해서 지구에서 태양을 향한 면은 낮이 되고 태양열을 흡수합니다. 하지만 태양을 향하지 않은 면은 밤이 되고 태양열을 하나도 흡수하지 못하지요.

또한, 낮 동안에도 태양이 떠 있는 각도에 따라 흡수되는 태양열이 달라요. 예를 들어 태양이 머리 꼭대기에 떠 있는 정오에 가장 많은 태양열을 흡수하지만, 해가 뜨거나 질 때처럼 태양이 지평선에 있을 때에는 태양열을 거의 흡수하지 못해요.

뿐만 아니라 흡수되는 태양열은 지역에 따라서도 달라져요. 지구 자전축이 23.5도만큼 기울어져 있기는 하지만 열대 지역에서는 1년 내내 태양열을 받아요.

반면 북극 바다에서는 여름에도 태양에 대하여 비스듬히 기울어져 있어서 태양열을 조금밖에 흡수하지 못하지요. 해가 뜨지 않는 겨울에는 아예 태양열을 받지도 못해요. 이와 같이 위도에 따라 태양열을 흡수하는 양이 다르기 때문에 온도가 달라진답니다.

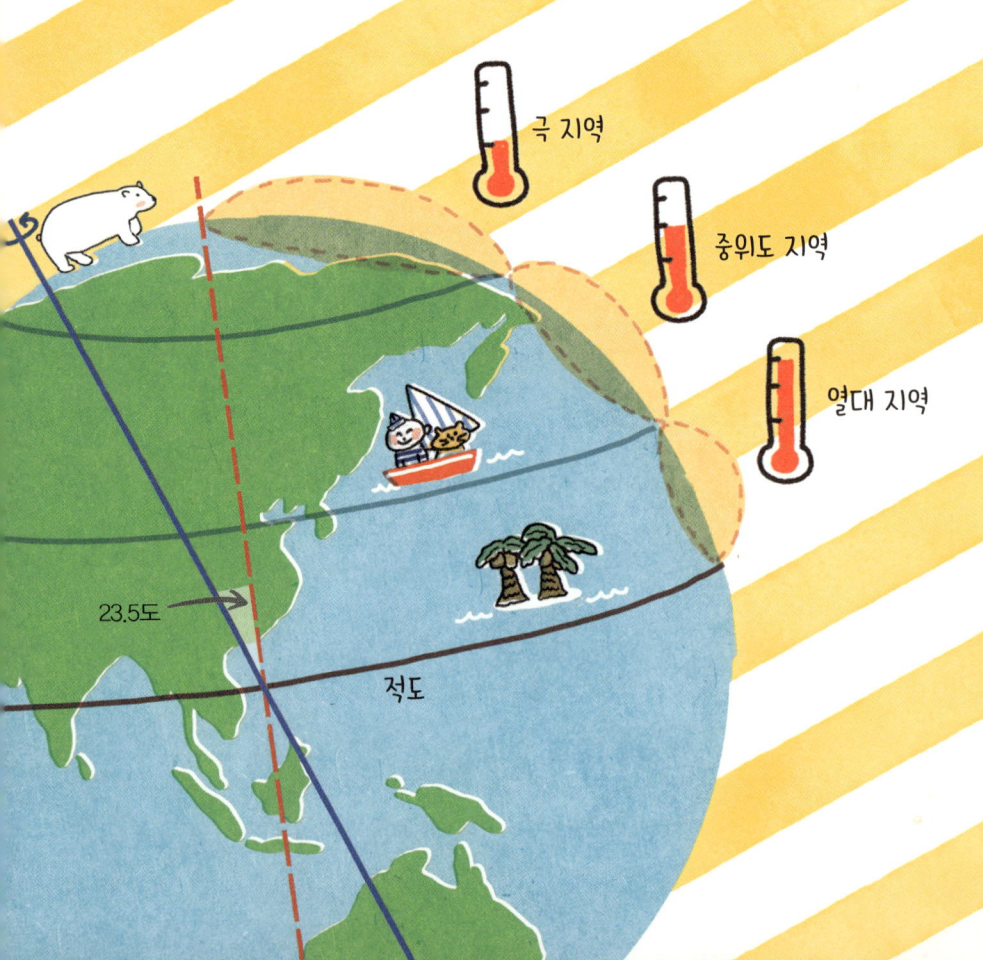

## 바람 세기는 온도 차이에 따라 달라져요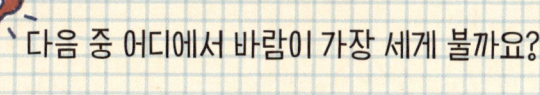

자, 지금부터 문제를 내 볼게요. 다음 문제의 답을 생각해 보아요.

다음 중 어디에서 바람이 가장 세게 불까요?

① 아주 더운 열대 지역   ② 아주 추운 극 지역
③ 온도가 열대 지역과 극 지역 가운데쯤인 중위도 지역

답은 ③번, 중위도 지역이에요.

지역에 따른 온도 차이가 중위도 지역에서 가장 크고, 열대 지역과 극 지역으로 갈수록 작아지기 때문이에요. 그래서 중위도 지역에서 바람이 가장 세게 불어요.

앞에서 바람은 주변 지역과 비교하여 기압, 혹은 온도가 달라야만 만들어진다고 얘기했어요. 그러니까 아주 덥다고 해서, 또는 아주 춥다고 해서 바람이 세게 불고 약하게 부는 것이 아니지요.

결국 이 문제는 온도의 높고 낮음으로 답을 찾는 것이 아니라, 같은 거리에서 온도 차이가 가장 크게 나타나는 곳이 어딘지를 알아맞히는 문제였어요.

그럼 다음 문제는 답이 뭘까요?

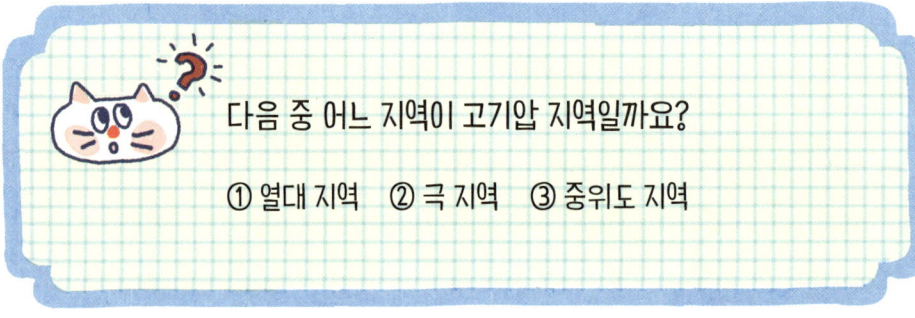

답은 ③번, 중위도 지역이에요.

아마 북극 바다는 추우니까 고기압이고, 열대 바다는 더우니까 저기압이라고 생각할지도 몰라요. 2장에서 '온도가 높은 곳에서 저기압, 온도가 낮은 곳에서 고기압이 생긴다.'고 했으니까요.

크게 보면 온도가 높은 열대 바다에서 저기압이 발달하는 것은 맞아요. 그래서 이곳에서는 비가 많이 내리고 무시무시한 태풍도 만들어지지요.

그러나 북극 바다와 고기압의 관계는 예상과는 달라요. 왜냐하면 세계의 주요 고기압들은 주로 위도 20~40도 지역에 자리하거든요. 대표적인 고기압 지역인 사막이 중위도에 주로 몰려 있는 것도 우연이 아니지요.

이유는 여러 가지가 있지만 그중의 하나는 지구가 하루에 한 번씩 자전을 하고 있기 때문이에요. 그럼 지구 자전과 고기압이 중위도에 몰려 있는 것과 무슨 관계가 있는지 알아보도록 해요.

## 대포알의 비밀?

옛날에 대포를 처음 만들었을 때의 일이에요. 대포는 가까이 있는 목표물을 아주 잘 맞혔어요. 그런데 어찌된 일인지 멀리 떨어져 있는 목표물은 잘 맞지 않았어요. 대포알은 대부분 목표물의 오른쪽에 떨어졌거든요. 사람들은 대포를 쏘는 실력이 모자라서 그렇다고 생각했어요. 정말 실력이 모자라서였을까요?

　사실은 지구가 하루에 한 번씩 자전하고 있기 때문이었어요. 하루에 한 번 지구가 시계 반대 방향으로 돈다는 걸 알고 있지요? 지구처럼 큰 공이 하루에 한 바퀴씩 돈다고 생각해 보세요. 한 시간 동안 지구가 도는 거리도 엄청나겠지요?

　그런데 지구는 공처럼 둥글기 때문에 자전 속도가 모든 지역에서 똑같지 않아요. 적도에서 가장 빠르고, 북극이나 남극으로 갈수록 느

려진답니다. 적도에서는 시속 1700킬로미터, 위도 60도에서는 그 절반인 시속 850킬로미터의 속도로 돌고 있지요.

이 속도가 얼마나 빠른지 실감이 안 날 거예요. 우리가 빠르다고 생각하는 비행기도 1시간에 겨우 800킬로미터를 날아요. 그러니까 우리는 지금 비행기보다 빨리 움직이는 지구에 사는 거예요.

지구의 자전 속도가 이처럼 지역마다 다르기 때문에 멀리 쏜 대포알은 목표물에 정확히 맞지 않을 수밖에 없어요. 너무 어렵다고요? 차근차근 생각해 봐요.

적도에서 쏜 대포알은 자전 속도가 빠른 곳에서 날아가요. 위도 60도에서도 똑같은 속도로 날아가려고 하지요. 그래서 대포알은 목표물 앞쪽(동쪽)에 떨어져요.

반대로 위도 60도에서 쏜 대포알은 상대적으로 자전 속도가 느린 곳에서 날아가요. 그러니까 적도에 와서 떨어질 때에는 목표물 뒤쪽(서쪽)에 떨어지고요. 축구공을 오른쪽으로 돌리면서 연필로 직선을 그으면 선이 항상 오른쪽으로 휘어지는 것도 이와 같은 이유예요.

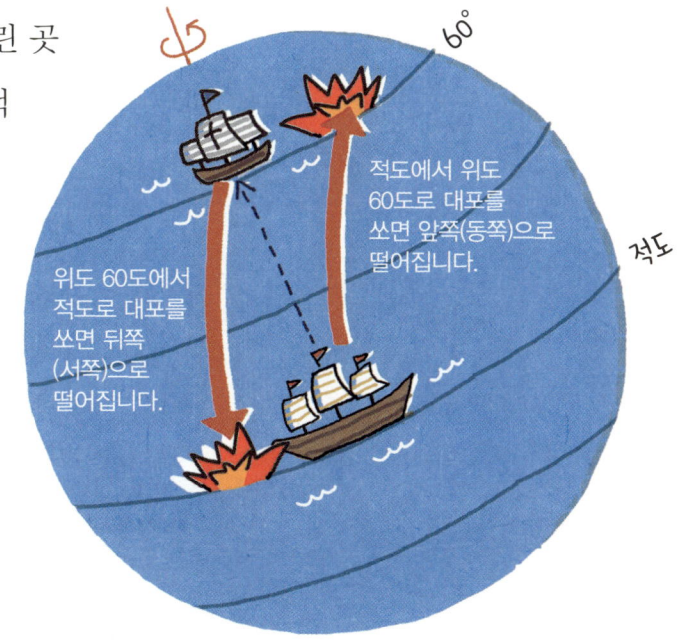

적도에서 위도 60도로 대포를 쏘면 앞쪽(동쪽)으로 떨어집니다.

위도 60도에서 적도로 대포를 쏘면 뒤쪽(서쪽)으로 떨어집니다.

## 열대 지역에서 올라간 공기가 중위도에서 고기압을 만들어요

열대 지역에서 하늘로 올라간 공기 덩어리는 양극을 향해 움직여요. 북극을 향해 움직이는 공기 덩어리는 앞에서 얘기한 대포알처럼 지구 자전의 영향을 받아서 오른쪽으로 휘어서 불지요. 그러다가 결국에는 서풍이 되어요.

북극을 향해 움직이는 공기 덩어리는 방향만 바뀌는 게 아니에요. 가지고 있던 많은 열을 주변 공기로, 혹은 우주로 조금씩 빼앗기기 시작해요. 위도 20~30도에 올 때쯤에는 온도가 낮아지고 밀도가 커져서 땅으로 내려오지요. 이 때문에 땅에서는 고기압이 만들어져요.

고기압 지역에서는 공기가 위에서 내려오기만 하니까 구름이 만들어지기 어려워요. 비도 거의 내리지 않고요. 바로 이런 곳에서 사막이 만들어지지요.

# 4 지구는 거대한 풍차

우주에서 보는 지구의 모습은 어떨까요? 하얀색 혹은 검은색을 띠며 구석구석에 퍼져 있는 구름 그리고 구름들 사이로 보이는 바다와 땅. 이런 모습이 아닐까요? 운이 좋다면 거대한 구름 무리와 비를 거느리고 호령하는 태풍도 볼 수 있을 거예요.

요즘에는 지구 주위를 도는 인공위성으로부터 이런 지구 모습을 셀 수 없이 많이 얻을 수 있어요. 그런데 인공위성에서 바람이 어떤 방향으로 얼마큼 세게 부는지도 관찰할 수 있을까요? 그럴 수만 있다면 거대한 풍차인 지구를 한눈에 볼 수 있을 테니 정말 신나는 일이겠지요.

하지만 바람을 관찰하는 일은 쉽지 않아요. 바람이 부는 것을 관측하려면 풍향, 풍속계가 있어야 해요. 그것이 어렵다면 적어도 바람에 펄럭이는 깃발이라도 있어야 하지요. 그러나 모든 하늘에 풍향, 풍속계를 달 수도, 깃발을 꽂을 수도 없잖아요.

좋은 방법이 없을까요? 나무나 풀이 어떤 방향으로 흔들리는지 관찰하면 될까요? 좋은 방법이기는 한데, 800킬로미터보다 더 높이 떠 있는 인공위성에서 나뭇가지나 풀의 잎사귀를 구별하기는 쉽지 않을 거예요.

바다와 하늘에서는 어떻게 바람을 관찰할까요? 바닷물이 어디로 흘러가는지를 보면 알 수 있을까요? 좋은 방법이기는 한데, 바닷가에서 매일같이 해안으로 들어갔다 나왔다 하는 밀물과 썰물은 바람의 방향과는 아무런 상관이 없어요.

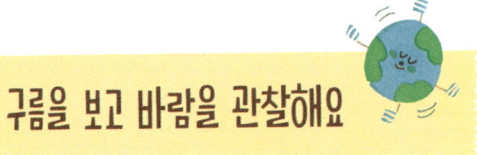

## 구름을 보고 바람을 관찰해요

하늘에 떠 있는 구름을 보세요. 구름은 잠시도 쉬지 않고 하늘을 둥실둥실 떠다녀요. 구름은 왜 움직일까요? 맞아요. 바람이 부니까 이리저리 움직이지요.

인공위성을 통해 구름을 볼 수 있고, 구름이 움직이는 것도 볼 수 있으니까 구름을 살피면 바람을 관찰할 수 있어요. 또 구름이 얼마나 빨리 움직이느냐를 보고 바람의 세기를 판단할 수도 있어요.

뿐만 아니라 인공위성에서는 우리 눈에는 보이지 않는 빛, 적외선이나 마이크로파를 이용하여 구름 외에도 하늘에 떠 있는 수증기까지 볼 수 있어요. 그래서 구름이 끼지 않은 날에는 수증기가 움직이는 것을 보고서 바람을 관찰할 수도 있어요. 게다가 높이에 따라서 바람이 어떻게 달라지는지도 관찰할 수 있다고 하니 정말 대단한 기술이지요.

오전 9시 위성 사진

정오 위성 사진

오후 3시 위성 사진

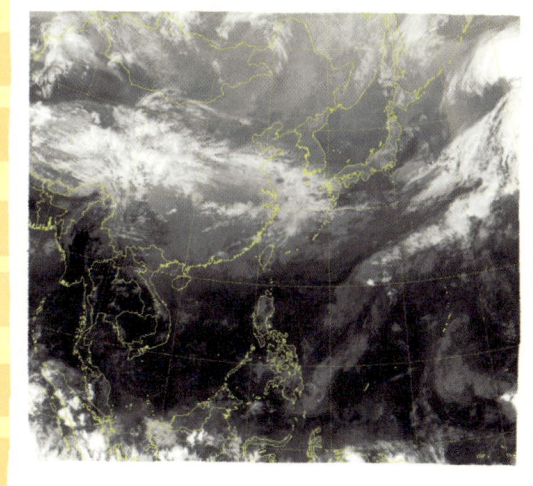

오후 6시 위성 사진

천리안 위성에서 촬영한 우리나라 주변 적외선 구름 사진

## 중위도 지역에선 서풍, 열대 지역에선 동풍이 불어요

바람의 세기는 지상 10~15킬로미터 정도까지는 위로 올라갈수록 강해져요. 여러 가지 이유가 있지만 가장 큰 이유는 같은 거리에서 온도의 차이가 위로 올라갈수록 커지기 때문이에요.

우리나라가 있는 중위도에서는 대체로 서쪽에서 동쪽으로 바람이 불어요. 이 서풍은 거의 1년 내내 불고 있지요. 그런데 그 세기는 계절에 따라 크게 차이가 나요. 겨울에 강하고 여름에 약해요. 바람의 세기가 온도 차이에 따라 결정된다고 했으니 같은 거리에서 여름보다는 겨울에 온도 차이가 크다는 것을 짐작할 수 있겠지요?

앞에서 바람은 온도가 높은 곳에서 온도가 낮은 곳을 향해서 분다고 했어요. 또, 지구 자전 때문에 북반구에서는 바람이 오른쪽으로 휜다고도 얘기했고요. 이 두 가지를 종합해 보면 중위도에서는 서풍이 분다는 것을 알 수 있어요. 그래서 열대 지역에서 중위도로 불어 가던 바람은 중위도에서 서풍으로 바뀌게 되고 온도는 낮아져서 무거워지지요.

이렇게 무거워진 공기 덩어리가 땅으로 내려오니까 공기가 자꾸 쌓여서 중위도에서는 고기압이 만들어져요. 대부분의 사막이 중위도에 몰려 있는 이유가 바로 이 때문이에요.

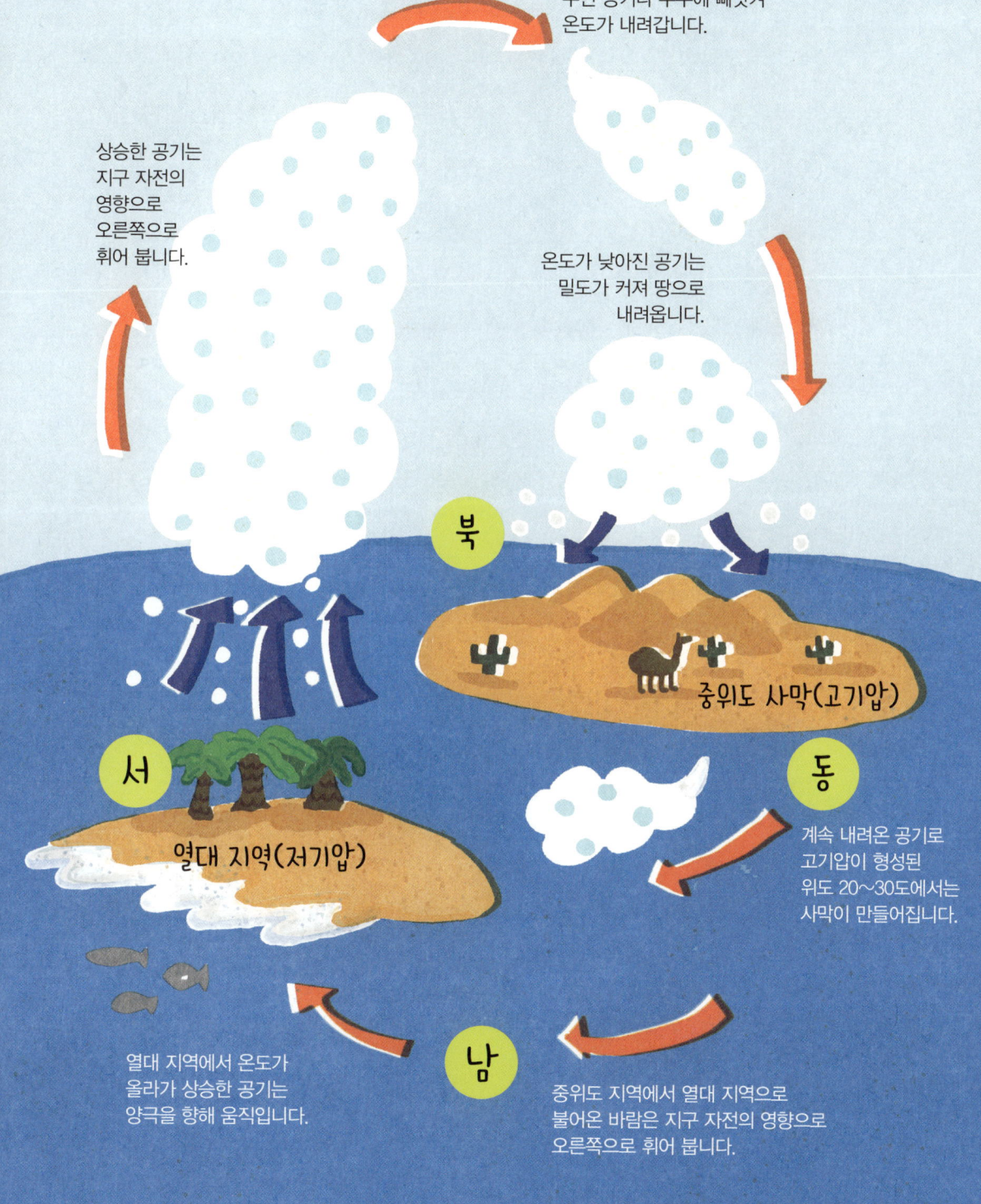

땅 부근에서는 중위도 지역이 고기압이 되고, 열대 지역이 저기압이 되니까 바람은 중위도에서 적도를 향해 불어요. 이 바람은 지구 자전의 영향을 받아서 오른쪽으로 휘게 되지요. 바람이 동쪽에서 서쪽을 향해 불어요. 열대 지역에서 동풍이 부는 것은 바로 이 때문이에요.

우리가 잘 알고 있는 콜럼버스도 열대 지역에서 부는 동풍을 이용해서 스페인을 출발해 아메리카 동쪽 해안에 도착했어요. 하지만 콜럼버스가 살던 시대의 사람들은 열대 지역에서 왜 동풍이 부는지를 모르고 있었어요. 만일 이 동풍이 부는 이유를 설명할 수 있고, 콜럼버스 시대로 갈 수만 있다면 그 시대 최고의 대기 과학자가 될 수 있겠네요.

## 남반구에서는 어떤 바람이 불까요?

지금까지 우리가 살고 있는 북반구 바람을 알아보았어요. 그러면 남반구에서는 바람이 어떻게 불까요? 남반구 중위도에서는 서풍이 불까요, 아니면 동풍이 불까요?

서풍이라면 바람의 방향이 북반구와 같을 것이고, 동풍이라면 북반구와는 반대겠지요. 만일 남반구 중위도 바람이 동풍이라면 북반구와 반대로 움직이니까 마치 두 손으로 빨래를 비틀어 짜는 형태일 거예요. 이런 식으로 바람이 아주 세게 불면 지구 공기가 회오리바람처럼 하늘로 다 올라가 버리지 않을까요? 하지만 그런 걱정을 할 필요는 없어요. 남반구 중위도에서도 바람은 서풍이니까요. 왜 그럴까요?

바람의 방향을 결정하는 것은 남반구도 북반구와 같아요. 남반구에서도 북반구와 마찬가지로 온도가 높은 열대 지역에서 온도가 낮은 남극을 향해 남쪽으로 공기가 움직이지요.

만일 지구의 자전에 의해 바람이 오른쪽으로

> 중위도에서 바람은 남반구, 북반구 상관없이 항상 서풍이 불어.

휘게 된다면 바람은 동쪽에서 서쪽으로 향할 거예요. 즉, 동풍이 부는 거지요. 그러나 남반구에서 보면 지구의 자전 방향이 북반구와는 반대가 돼요. 왜냐하면 서 있는 방향이 북반구와는 반대니까요. 그래서 지구 자전에 의해 바람은 불어 가는 방향의 왼쪽으로 휘게 되지요. 결론적으로 바람은 북반구, 남반구에 상관없이 중위도에서는 항상 서풍이 분답니다.

## 왜 미국에서 서울로 오는 시간이 더 오래 걸리나요?

서울에서 미국에 갈 때 걸리는 시간이 미국에서 서울로 올 때 걸리는 시간보다 짧다고 해요. 같은 비행기를 타고 가는데 왜 차이가 날까요? 이유는 바로 앞에서 얘기한 서풍 때문이에요.

서울에서 미국에 갈 때는 뒤에서 불어오는 바람 덕을 보거든요. 우리도 달리기할 때, 등 뒤에서 바람이 세게 불면 더 빨리 달리잖아요. 반대로 미국에서 서울로 올 때는 비행기 앞으로 바람이 불어오니 시간이 더 오래 걸려요. 이 사실은 2차 세계 대전 동안에 미군이 일본을 공격할 때 처음으로 발견되었어요. 불과 수십 년 전의 일이지요.

전 세계에서 서풍이 가장 세게 부는 곳은 우리나라와 일본을 연결

하는 상공이에요. 이곳에서 서풍 세기는 시속 200킬로미터를 넘기도 해요. 시속 200킬로미터로 자동차가 달린다고 생각해 보세요. 엄청 빠르지요? 그래서 이 바람을 제트류라고 불러요. 제트류는 계절에 따라 남북으로 조금씩 움직여 겨울에는 제주도 상공에, 여름에는 북한 상공에 있어요.

  지금까지의 얘기를 종합해 보면 중위도에 위치한 우리나라 하늘에는 서풍이 불고, 우리나라 날씨는 서쪽에 있는 중국의 영향을 받아요. 그러니 내일 날씨를 알고 싶다면 현재 중국 날씨가 어떤지를 살피면 돼요. 다음 장에서는 무지개가 어떻게 만들어지는지를 살피면서 서풍과 날씨의 관계에 대해서도 알아보아요.

# 5 무지개 속에 감추어진 날씨의 비밀

아침에 무지개가 뜨면 그날은 흐려지고,
저녁에 무지개가 뜨면 다음 날은 맑아진다.

　무지개가 뜨는 것을 보고서도 날씨가 어떻게 될지를 미리 알 수 있다니 대단하지요? 그런데 요즘 도시에 사는 사람들은 무지개를 자주 볼 수 없어요. 공기 중에 오염 물질이 많기 때문이에요. 주변 자연환경을 깨끗이 만들면 만들수록 무지개를 마음껏 볼 날도 많아질 거예요.

## 무지개는 이렇게 만들어져요

무지개는 대부분 저녁때 비가 내리고 난 뒤 동쪽 하늘에 나타나요. 흔하지는 않지만 아침에 서쪽 하늘에 무지개가 나타나는 경우도 있어요.

그럼 무지개가 저녁에 서쪽 하늘이나 아침에 동쪽 하늘에서 뜨는 경우는 없을까요? 또, 한낮에 뜨는 무지개는 없을까요? 안타깝게도 그런 경우는 거의 없어요. 무지개가 만들어지는 과정을 알면 왜 그런지 이해할 수 있을 거예요.

햇빛은 1초에 지구를 일곱 바퀴 반이나 돌 정도로 빠른 속도로 이동해요. 그런데 햇빛이 물방울을 통과할 때에는 공기 중을 통과할 때보다 속도가 느려지고, 빛의 방향도 휘어져요.

또 공기 중 물방울 속에서 빛의 속도 변화는 색깔마다 달라요. 보랏빛이 가장 느리고 빨간빛 쪽으로 갈수록 빠르지요.

이렇게 빛마다 속도가 다르기 때문에 물방울 속으로 들어간 햇빛의 휘어지는 각도도 색깔마다 달라져요. 예를 들면 속도가 가장 느린 보랏빛이 가장 많이 휘고, 속도가 가장 빠른 빨간빛이 가장 적게 휘어요. 무지개는 바로 빛의 속도가 물방울 속에서 색깔마다 달라지기 때문에 휘어지고 분산되어 보이는 현상이에요. 이를 굴절이라고 해요.

만일 물방울 속에서도 모든 빛깔의 속도가 같다면 아름다운 무지개를 볼 수 없을 거예요. 이렇게 물방울 속에 들어가 굴절된 빛은 물방울의 반대편에서 반사가 돼요. 마치 거울에 반사되어 나오는 빛처럼요.

이때 물방울 속에 오염 물질들이 많으면 햇빛도 반사가 잘 안 돼요. 도시에서 무지개를 보기 힘든 이유도 이 때문이에요.

햇빛은 물방울 안에서 굴절, 반사되어 무지개 색으로 분리되어요.

## 태양을 등져야만 볼 수 있는 무지개

무지개는 햇빛이 물방울 속에서 굴절되고 반사되어 나온 빛이라고 했어요. 그래서 태양과 무지개 사이에 있어야 무지개를 볼 수 있어요. 즉, 무지개는 항상 태양을 등지고 있어야만 볼 수 있지요. 그러니 동쪽으로 해가 뜨는 아침에는 서쪽 하늘에 있는 무지개만을 볼 수 있고, 서쪽으로 해가 지는 저녁에는 동쪽 하늘에 있는 무지개만을 볼 수 있는 거예요.

아침에 보이는 무지개

저녁에 보이는 무지개

그렇다면 한낮에는 어떨까요? 물방울은 하늘에 떠 있고, 우리는 태양과 물방울 아래에 있으니 물방울에 반사된 햇빛을 보는 것은 불가

능해요.

만약 태양과 물방울 사이를 날아가는 비행기가 있다면 어떨까요? 무지개가 만들어진다면 비행기 아래로 보이겠지요. 그러나 그 무지개는 우리가 땅에서 보는 반원 모양은 아닐 거예요. 지면에 의해서 잘라지지 않아서 둥그런 원 모양이겠지요. 만일 우리 나라에서 가장 높은 롯데월드타워 두 배 정도 되는 곳에 올라가서 무지개를 본다면 훨씬 원에 가까울 거예요.

아저씨는 그런 무지개를 아직까지 한 번도 본 적은 없지만 언젠가는 볼 수 있다는 희망을 갖고 있어요. 나중에라도 이런 무지개 사진을 찍는다면 꼭 아저씨에게 보내 주세요. 사진으로라도 원 모양 무지개를 보고 싶네요.

아침 무지개는 서쪽 하늘에 뜨고, 저녁 무지개는 동쪽 하늘에 뜬다고 했어요. 그런데 무지개와 날씨가 대체 어떤 관련이 있을까요?

4장에서도 말했듯이 우리가 사는 중위도에서는 주로 서풍이 불어요. 그러니 구름은 당연히 서쪽에서 동쪽으로 움직이지요. 그런데 동쪽으로 움직이는 것은 구름만이 아니에요. 일기 예측을 하는 데에 가장 중요하게 쓰이는 고기압, 저기압들도 동쪽으로 움직여요.

　여기서 다시 무지개로 돌아가 볼까요? 무지개는 어떤 날 만들어질까요? 하늘에 물방울이 많이 떠 있는 날이 아닐까요? 그래야 햇빛이 물방울에 반사되어 생길 테니까요.

　물방울이 많은 때는 비가 내린 뒤거나 내리기 전이에요. 따라서 무지개는 날이 흐린 저기압과 관련 있어요.

　만약 저녁에 동쪽 하늘에서 무지개를 보았다면 이미 저기압이 우리가 있는 곳을 지나쳤다는 뜻이에요. 그러면 곧 저기압 뒤를 쫓아오고 있는 고기압의 영향을 받게 되지요. 그렇기 때문에 무지개를 본 다음 날에는 날이 좋아질 거라 예측할 수 있어요. 반대로 아침녘에 서쪽 하늘에서 무지개를 보았다면, 저기압이 우리에게 다가오고 있다는 뜻이므로 그날은 날이 흐릴 거예요.

# 6 완벽한 날씨 예측을 위한 도전

제갈량은 적벽 대전에서 남동풍을 불렀을 뿐만 아니라 여러 나라와 전쟁을 하면서도 날씨를 정확하게 예측하여 전략을 세웠어요. 제갈량은 전쟁에서 가장 중요한 정보가 바로 날씨라는 사실을 잘 알고 있었던 거예요.

기상 정보가 제갈량이 살았던 때만 중요했던 것은 아니에요. 지금도 전쟁이 나면 적군에게는 기상 정보를 주지 않아요. 왜냐하면 적군은 우리가 주는 기상 정보를 이용해 비행기를 뜨게 할지 안 뜨게 할지, 혹은 군사를 어디로 이동시킬지를 결정할 테니까요.

그러나 보통 때에는 세계 모든 나라가 각자 관측한 기상 자료를 여러 나라의 기상 모임인 세계 기상 기구에 전달해요. 그리고

다른 나라의 기상 자료를 받아요. 우리나라도 예외는 아니에요. 우리나라의 기상 자료를 세계 기상 기구에 주고 일기 예측에 필요한 중국과 일본 등 동북아시아 국가의 기상 자료를 얻어요.

물론 원한다면 아프리카 최남단에 위치한 남아프리카 공화국의 기상 자료도 얻을 수 있고요. 심지어는 북한 기상 자료도 얻을 수 있어요. 현재의 기상 자료뿐만이 아니에요. 100년 전부터 유럽에서 관측된 기온 자료도 자유로이 얻을 수 있어요. 그러나 전쟁이 나면 이렇게 자유롭게 기상 자료를 주고받는 상황은 끝이에요. 적군의 기상 자료는 아무리 많은 돈을 주고서도 살 수 없거든요.

## 만일 일기 예측이 없다면?

일기 예측이 전쟁 때에만 중요한 것은 아니에요. 기상 정보를 얻지 못하면 모든 생활이 엉망이 될 거예요. 일기 예보가 없었던 옛날에는 어떻게 살았는지 몰라요.

일기 예측은 어떤 옷을 입을지, 우산을 가지고 나가야 하는지, 축구나 야구 경기가 제대로 열릴지, 이런 작은 것부터 시작해서 건축물의 공사를 얼마나 신속히 끝내야 하는지, 여름철 에어컨과 겨울철 난방기가 얼마나 팔릴지 등 기업 운영에 관련된 것까지 영향을 끼쳐요. 일기 예측의 중요성은 이것으로 끝나지 않아요.

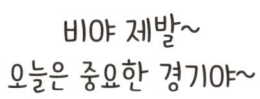
비야 제발~
오늘은 중요한 경기야~

올해는 더울까?
덥지 않을까?

댐을 비워야 해 말아야 해?!

우산 가져가!

지붕 수리를 오늘 해도 될까?

일기 예측이 없으면 너무 곤란하겠는걸.

여름철에 장마가 시작되면 한강의 물 관리를 하시는 분들은 비가 언제, 어느 곳에, 얼마큼 오는지에 온 정신을 쏟아요.

생각해 보세요. 장마가 시작되기 전에 많은 비를 예상하고 댐의 물을 모두 비워 놓았는데, 비가 조금밖에 오지 않는다면 어떤 일이 일어날지 상상이 가지요?

가뭄이 오랫동안 계속된다면 사람들은 먹는 물까지도 걱정할 거예요. 반대 경우도 마찬가지예요. 비가 얼마 오지 않을 것을 예상하고 댐을 비워 놓지 않았는데, 갑자기 엄청난 양의 비가 내린다면 언제인가처럼 한강이 넘칠지도 몰라요. 많은 사람들이 물 때문에 고생을 하겠지요.

## 일기 예보는 누가, 어디서, 어떻게 하나요?

일기 예보를 내는 곳은 어디일까요? 맞아요. 기상청이에요. 기상청에는 천 명이 넘는 직원들이 정확한 일기 예보를 내기 위해 애쓰고 있어요. 전국에 수백 곳이 넘는 곳에서 기상을 관찰하지요. 이제는 땅에서 기상을 관찰하는 것뿐만 아니라 인공위성을 띄워 우리나라 주변 모든 지역의 땅과 하늘을 관찰해요.

우리나라 기술력으로 2010년에 쏘아 올린 기상 위성 천리안은 지구 자전 속도와 똑같은 속도로 지구를 돌고 있어요. 지금도 적도 상공 늘 같은 곳에 떠서 우리나라 기상을 관찰하고 있어요. 기상청에서는 당연히 천리안 위성에서 관측한 자료를 예보에 사용해요.

그런데 일기 예보는 단순히 우리나라에서 관찰한 기상 자료만을 이용하지는 않아요. 우리나라와 주변의 여러 나라 그리고 세계 전 지역의 기상 자료를 모으는 일이 일기 예보의 첫 단계지요.

기상청 전산실에는 우리나라에서 가장 좋은 슈퍼컴퓨터가 있어요. 슈퍼컴퓨터에는 기상을 예측하는 프로그램이 저장되어 있어요. 이 프로그램을 수치 예측 모델이라고 부르는데, 수많은 대기 과학자들이 수십 년 동안 연구를 해서 만들어 놓은 자료예요.

수치 예측 모델은 상상하는 것보다 훨씬 더 복잡하고 어려워요. 전문 컴퓨터 프로그래머가 수치 예측 모델 코드 전체를 읽는 데만 몇 달이 걸리지요. 수치 예측 모델은 슈퍼컴퓨터에서 하루에도 수십 번이나 실행되면서 기상을 예측해요. 기상 예보관들은 슈퍼컴퓨터가 예측한 결과를 분석하여 날씨를 예보하고요.

정확한 일기 예보를 위해 오늘도 기상 예보관들은 열심히 노력한답니다.

## 기상 예보관이 하는 일

　기상 예보관은 저기압이 중국 동부 지역에서 발달하고 있으면 '곧 날이 흐려지겠구나.'라고 생각해요. 이 저기압이 서풍을 타고 우리나라로 곧 올 테니까요.

　그러나 기상 예보관이 흐림이나 비를 예보하는 것은 그렇게 간단하지 않아요. 이 저기압이 언제 우리나라에 올지, 중부 지역으로 올지 아니면 남부 지역으로 올지, 저기압이 얼마나 발달할지, 바람은 어떨지, 비를 내리게 할지, 만일 비를 내린다면 얼마나 내릴지, 이밖에도 기상 예보관이 생각해야 할 것은 너무나 많아요.

　기상 예보관은 기상 예보를 내기 위해 밤을 새우며 저기압과 고기압의 움직임들을 지켜봐요. 큰비라도 내리는 날이면 며칠이라도 마다하지 않고 밤을 새지요.

기상 예보관도 정말 힘들겠군. 함부로 일기 예보에 대해 말하면 안 되겠어.

## 기상 예보관은 거짓말쟁이!

기상청 예보에서는 비가 안 온다고 했는데 갑자기 비가 내리거나, 한파가 물러간다고 했는데 계속되는 경험을 한 적이 있나요? 그럴 때면 기상 예보관이 무능력해 보이거나 거짓말쟁이처럼 생각되기도 할 거예요.

그러나 절대로 기상 예보관이 무능력하거나 거짓말을 한 것은 아니에요. 일기 예보와 실제 날씨가 다른 이유는 정확한 일기 예보를 내기 힘들기 때문이에요. 앞서 얘기했듯이 일기 예보를 하기 위한 수치 예

측 모델은 엄청 복잡해요. 공기의 움직임은 이보다 더 복잡하고요.

 종이를 한 장 들고 집 밖으로 나와 보세요. 그러고는 어깨 높이에서 떨어뜨려 보세요. 종이가 어느 곳에 떨어질지 정확하게 예측할 수 있나요? 게다가 바람까지 불고 있다면 종이가 떨어지는 위치를 예측하는 것은 거의 불가능할 거예요.

 오래 전에 세계적으로 유명한 대기 과학자가 기상을 예측하는 것이 너무나 어렵다는 사실을 사람들에게 이해시키기 위해서 이런 얘기를 했어요.

 "북경에서 나비가 날면 며칠 뒤에 뉴욕에서는 폭풍우가 몰아친다."

 믿기 어렵다고요? 북경에서 나비가 날면 공기의 움직임이 바뀔 거예요. 그러면 그 주변 공기의 움직임이 바뀌고, 또 다음 주변 공기의 움직임이 바뀌고……. 그러면서 전달되는 공기의 움직임이 점차 커진다면, 북경에서 만 킬로미터 이상 떨어져 있는 뉴욕에서 폭풍우가 치지 말라는 법이 있나요?

 지금 여러분이 책장을 넘기면서 바꾼 공기의 움직임이 며칠 뒤에는 세계 어느 곳에 폭풍우를 치게 할지도 모르지요. 그만큼 날씨를 변화시키는 요인은 헤아릴 수 없이 많다는 뜻이에요.

 같은 태양열을 받아도 산과 평지, 땅과 바다에서 온도가 다르고, 위도에 따라서도 태양열 흡수가 달라요. 구름까지 낀 날에는 태양열이 얼마나 흡수되는지 아직까지도 정확하게 알 수 없어요.

 게다가 인공위성이 관찰할 수 있는 것도, 슈퍼컴퓨터가 계산할 수 있는 것도 모두가 한계가 있어요. 전문 컴퓨터 프로그래머가 몇 달이 걸려서 겨우 코드 전체를 읽을 수 있을 만큼 수치 예측 모델이 복잡하지만 거대한 자연에 비하면 너무나 간단하거든요. 그만큼 자연을 예측하기란 어려운 일이지요.

## 완벽한 날씨 예측을 위한 도전

날씨를 정확하게 예측한다는 것은 정말 무척 어려운 일이에요. 앞에서도 얘기했듯이 날씨 변화에 영향을 끼치는 요인들이 너무 많기 때문이에요. 또 그 요인들이 서로 얽히고설켜 처음에는 생각하지도 못했던 방향으로 흘러가기도 하고요.

날씨를 예측하기 위해 우리가 의존하고 있는 수치 예측 모델은 자연 현상의 일부분만을 나타내요. 기상청에서도 끊임없이 관측소를 설치할 수도 없고, 인공위성을 이용해서도 순간순간 변하는 기상을 완벽하게 관측할 수는 없지요. 그래도 대기 과학자들은 최선을 다해 보다 정확한 날씨 예측을 위해 노력하고 있답니다.

어때요? 아저씨와 함께 완벽한 날씨 예측을 위한 도전을 해 보지 않을래요?

지구 환경 이야기 2
날씨를 바꾸는 요술쟁이
# 바람 (개정판)

**1판 1쇄 발행** 2004년 10월 10일 | **1판 15쇄 발행** 2017년 8월 10일
**2판 1쇄 발행** 2020년 7월 10일 | **2판 3쇄 발행** 2023년 11월 17일
**글쓴이** 허창회 | **그린이** 윤태규
**펴낸이** 홍석 | **이사** 홍성우 | **편집부장** 이정은 | **편집** 정미진·조유진 | **디자인** 권영은·김영주 | **외주디자인** 나비
**마케팅** 이송희·김민경 | **관리** 최우리·정원경·홍보람·조영행·김지혜
**펴낸곳** 도서출판 풀빛 | **등록** 1979년 3월 6일 제2021-000055호
**주소** 서울특별시 강서구 양천로 583 우림블루나인 A동 21층 2110호
**전화** 02-363-5995(영업) 02-362-8900(편집) | **팩스** 070-4275-0445 | **전자우편** kids@pulbit.co.kr
**홈페이지** www.pulbit.co.kr | **블로그** blog.naver.com/pulbitbooks | **인스타그램** instagram.com/pulbitkids

ⓒ 허창회 2004, 2020
ⓒ 윤태규 2020

ISBN 979-11-6172-166-8 74450
ISBN 979-11-6172-164-4 (세트)

이 도서의 국립중앙도서관 출판시도서목록(CIP)은 서지정보유통지원시스템홈페이지(http://seoji.nl.go.kr)와
국가자료공동목록시스템(http://www.nl.go.kr/kolisnet)에서 이용하실 수 있습니다.(CIP제어번호: CIP2019039729)

* 지은이와 협의해 인지를 생략합니다.
* 잘못된 책이나 파본은 구입하신 곳에서 바꿔드립니다.

| **제품명** 아동 도서 | **제조년월** 2023년 11월 17일 | **사용연령** 8세 이상 | ⚠ 주 의 |
|---|---|---|---|
| **제조자명** 도서출판 풀빛 | **제조국명** 대한민국 | **전화번호** 02-363-5995 | 종이에 베이거나 긁히지 않도록 조심하세요. |
| **주소** 서울특별시 강서구 양천로 583 우림블루나인 A동 21층 2110호 | | | 책 모서리가 날카로우니 던지거나 떨어뜨리지 마세요. |
| KC마크는 이 제품이 공통안전기준에 적합하였음을 의미합니다. | | | |

### 폭력
#### 이것도 폭력이야?
김준형 글 | 류주영 그림

폭력은 우리 사회를 병들게 하는 악 중에 하나입니다. 과연 폭력이 무엇이며 그 시작과 끝은 어디인지, 폭력을 뿌리 뽑기 위해서는 어떻게 해야 하는지 알아봅니다.

### GMO
#### 유전자 조작 식품은 안전할까?
김훈기 글 | 서영 그림

GMO는 생명의 존엄성과 관련하여 끊임없이 논란이 되고 있는 첨단 과학 기술입니다. GMO가 무엇인지 알아보고, 정말로 인류에게 이로운지 GMO에 대한 진실을 살펴봅니다.

### 통일
#### 통일을 꼭 해야 할까?
이종석, 송민성 글 | 최서영 그림

통일은 아직도 모두가 간절히 바라는 소원일까요? 북한은 어떤 나라일까요? 북한과 통일을 왜 해야 하는지, 통일을 한다면 어떻게 해야 하는지 깊이 있게 살펴봅니다.

### 노동
#### 우리 모두 노동자가 된다고?
오찬호 글 | 노준구 그림

인류는 아주 오래전부터 노동을 해 왔지만 노동을 둘러싼 고정 관념 때문에 터부시합니다. 노동의 진정한 의미를 살피고 어떻게 하면 노동에 대한 편견을 바로잡을 수 있는지 알아봅니다.

### 성평등
#### 성 고정 관념을 왜 깨야 할까?
손희정 글 | 순미 그림

성 고정 관념은 차별을 만들어 낼 뿐만 아니라 우리를 가두는 거대한 편견입니다. 모두가 평등하고 행복한 세상을 만들기 위해서는 무엇을 해야 하는지 알아봅니다.

함께 생각하자 시리즈